FOYERS ET COULISSES

HISTOIRE ANECDOTIQUE

DE TOUS LES THÉATRES DE PARIS

ODÉON

AVEC PHOTOGRAPHIES

PARIS
TRESSE, ÉDITEUR
GALERIE DE CHARTRES, 10 ET 11
PALAIS-ROYAL

MDCCCLXXVI
Tous droits réservés.

FOYERS & COULISSES

ONZIÈME LIVRAISON

ODÉON

IMPRIMERIE GÉNÉRALE DE CHATILLON-SUR-SEINE. — J. ROBERT

51, RUE D'ANJOU, 51

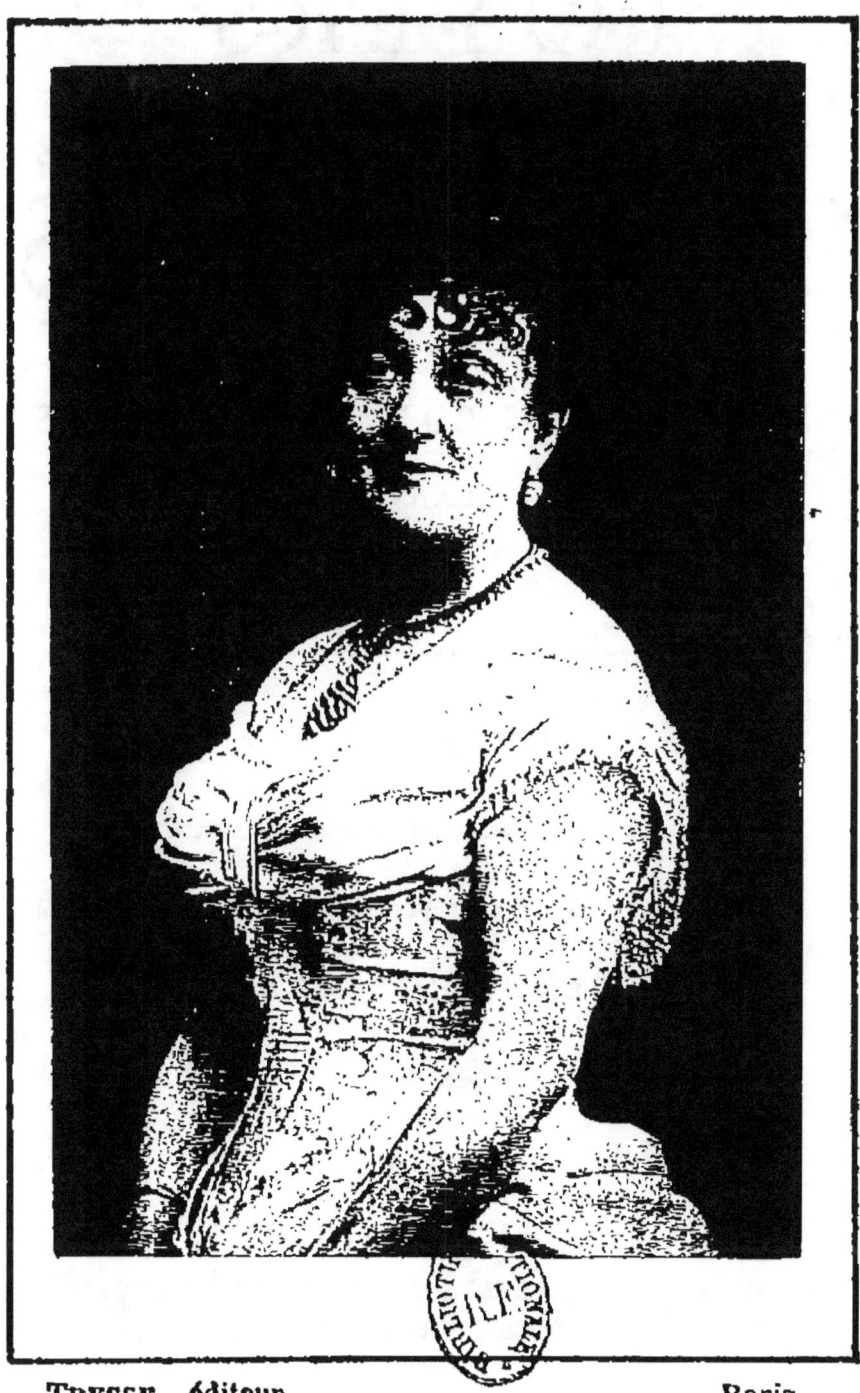

TRESSE, éditeur.   Paris

ANTONINE

FOYERS
ET
COULISSES

HISTOIRE ANECDOTIQUE DES THÉATRES DE PARIS

PAR

HENRY BUGUET

ODÉON

1 franc 50

AVEC DEUX PHOTOGRAPHIES

PARIS
TRESSE, ÉDITEUR
8, 9, 10, 11, GALERIE DU THÉATRE-FRANÇAIS
PALAIS-ROYAL
—
1880
Tous droits réservés.

ODÉON

(1796)

> Avant que la brise adultère,
> Qui fait le charme des hivers,
> N'émaille de recueils de vers
> Les parapets du quai Voltaire;
> Avant que Chaumier Siméon
> N'ait publié ses hexamètres,
> Allez, allez, ô gens de lettres,
> Manger du flan dans l'Odéon!
>
> Le mur lui-même semble enrhumé du cerveau.
> Bocage a passé là. L'Odéon, noir caveau,
>   De ses vastes dodécaèdres,
> Voit verdoyer la mousse. Aux fentes des pignons
> Pourrissent les lichens et les grands champignons
>   Bien plus robustes que des cèdres.
>
> (THÉODORE DE BANVILLE, 1876.)

En 1773, la construction d'un monument destiné à la Comédie-Française, alors hébergée aux Tuileries, fut ordonnée par Louis XV. Il devait s'élever faubourg Saint-Germain, sur l'emplacement de l'ancien hôtel Condé; mais on conduisit les travaux avec assez de lenteur pour que Louis XVI pût décider, par lettres patentes du 10 août 1779, que le théâtre nouveau serait édifié près du Luxembourg. Les architectes Peyre et de Wailly se mirent à l'œuvre, et, le 9 avril 1782, la Comédie-Française débuta faubourg Saint-Germain par un prologue d'Imbert et l'*Iphigénie* de Racine.

Le déménagement du Théâtre-Français fut un événement dont Paris s'occupa pendant trois semaines. La salle nouvelle qui contenait 1,900 places, avait coûté deux millions à Monsieur, frère du roi. Entre autres innovations, elle possédait un parterre assis. Les critiques ne lui manquèrent pas. On la trouva défectueuse sous le double rapport de l'optique et de l'acoustique; la façade parut trop massive, et la décoration intérieure, d'une blancheur uniforme, appela la comparaison peu flatteuse d'une bonbonnière. Les modifications jugées nécessaires furent exécutées; le public apprit le chemin du nouveau temple, et le retentissant succès du *Mariage de Figaro* lui assura bientôt la vogue.

La Comédie-Française occupa ce bâtiment pendant douze années, avec des fluctuations de fortune que nous avons consignées ailleurs. La représentation de *Paméla* fit fermer le théâtre, et mettre en prison les comédiens accusés d'incivisme. Le 16 août 1795, mademoiselle Montansier rouvrit cette salle, baptisée théâtre de l'Egalité. Cette exploitation n'eut pas longue durée; les artistes se dispersèrent, et le théâtre devenu vacant, servit à des banquets, concerts ou réunions politiques. Le conseil des Cinq-Cents fit là son coup d'Etat du 18 fructidor.

En 1796 le nom d'Odéon fut appliqué à l'ex-Théâtre-Français par une société de spéculateurs qui prétendaient y installer une sorte de conservatoire dramatique. L'entreprise échoua, mais l'appellation grecque demeura au monument. Diverses tentatives pour ressusciter l'Odéon furent faites, en 1797, sans le moindre succès. Les artistes de la salle Louvois, fermée par ordre du Directoire, y vinrent, l'année suivante, tenter la fortune. Ils eussent réussi peut-être, si la mort de leur actrice la plus goûtée, mademoiselle Joly, ne fût inopinément survenue. Le public s'éloigna, et une nouvelle clôture s'ensuivit. Cependant la plupart des acteurs se formèrent en société pour tenter un dernier essai. Ils débutèrent le 10 brumaire an VII, par *Gaston et Bayard*, et la *Vengeance*, de Patrat. Le succès couronna leurs efforts; *Misanthropie et Repentir* faisait des recettes abondantes quand le 18 mars 1799, l'Odéon fut anéanti par un incendie, auquel la malveillance ne sembla pas étrangère.

Après avoir donné, sur quelques scènes infimes, des représentations intéressantes, les artistes de l'Odéon se divisèrent. Les uns se joignirent à la Comédie-Française, les autres, sous la direction de Picard, s'établirent dans la salle Louvois. Cette entreprise, inaugurée le 30 mai 1801, reçut du public et du monde littéraire le nom de *Petite maison de Thalie*. Elle devint, en 1804, théâtre de l'Impératrice.

L'Odéon, pendant ce temps, restait à l'état de ruine lugubre au milieu d'un quartier désert. Un décret de 1806 en ordonna la reconstruction et lui transféra le titre octroyé au théâtre Louvois. L'Odéon rebâti en 1807 par l'architecte Chalgrin, rouvrit le 15 juin 1808, sous la direction d'Alexandre Duval, avec le *Vieil amateur*, le *Volage*, et la *Comédie au foyer*. Le personnel du nouveau théâtre de l'Impératrice, placé au rang des quatre grands spectacles, était alors composé de Dugrand, Armand, Grandville, Clozel, Saint-Aubin, Perrond, Firmin, Rosambeau, Valcourt, de Vigny, Chazel, mesdames Molé, Pélissier, Molière, Adeline et Delille. Les chanteurs italiens alternaient avec les comédiens français de l'Odéon, comme ils l'avaient fait à la salle Louvois. La musique régnait les lundi, mercredi et samedi de chaque semaine; les autres jours, la comédie reprenait ses droits. Les pièces de Picard, Dumersan, Duval, Dupaty, Rougemont, Merle et Charles Maurice furent pour l'Odéon de cette époque, l'occasion de succès productifs. Les événements politiques, compliqués de désastres nationaux, exercèrent, comme de raison, sur lui une influence néfaste. La Restauration eut beau le gratifier du nom de second Théâtre-Français, et lui allouer une subvention de 27,000 francs, Picard, successeur d'Alexandre Duval eut beaucoup de peine à le remettre en état de prospérité. Il y était cependant parvenu, quand survint une catastrophe. Le 20 mars 1818, un second incendie, attribué, comme le premier, à la malveillance, détruisit la salle. Louis XVIII en décréta la reconstruction immédiate.

Pendant que les artistes jouaient à Favart, les architectes Chalgrin et Baraguel poussèrent activement les travaux. L'Odéon réédifié ouvrit ses portes le 30 septembre 1819, avec un prologue de Casimir Delavigne, *Venceslas* et l'*Ecole des maris*.

A la troupe primitive étaient venus s'adjoindre Joanny, David, Eric Bernard, Lafargue, Duparay, Samson, Provost, Frédérick-Lemaître, — ces deux derniers comme utilités et confidents tragiques, — mesdames Brocard, Délia, Fleury et Fitzelin.

Le parterre de l'Odéon fut souvent, pendant la direction de Picard, un champ-clos où se vidaient bruyamment les querelles politiques ou littéraires. On cite, parmi les succès incontestés de ce temps, les *Vêpres Siciliennes*, les *Comédiens*, le *Paria*, *Frédégonde et Brunehaut*, *Artaxerce*, *Saül*, le *Voyage à Dieppe*, les *Deux ménages*, dus à

Casimir Delavigne, Lemercier et Waflard.

Après Picard, le sceptre directorial de l'Odéon fut successivement tenu par Spontini, Montan, Berton, Grimel, Gentil et Bernard.

Ce dernier, réduit aux abois, malgré la subvention de 80,000 francs accordée par Charles X, transforma tout à coup le second Théâtre-Français en théâtre d'Opéra. L'Odéon musical ouvrit le 27 avril 1825, avec un prologue de Scribe, Pichat et Boïeldieu, intitulé les *Trois genres*. Lecomte, Mondonville, Péronnet, Duprez, Bizot, mesdames Montano, Belmont, Schutz et Pouilley composaient la troupe chantante; Castil-Blaze s'en établit librettiste. Ses poèmes traduits de la *Pie voleuse*, du *Barbier de Séville*, de *Robin des bois* surtout, firent encaisser à Bernard des recettes énormes. Cette prospérité, par malheur, ne dura point. L'administration de Dupetit-Méré, qui suivit et exploita indifféremment l'opéra, la comédie, l'opéra-comique, la tragédie, amena l'Odéon à deux pas de la ruine. Sauvage, qu'on chargea le 2 juin 1827, de sauver la situation, succomba à la tâche. Le théâtre dut fermer le 12 juillet 1828.

On avait applaudi, parmi les artistes nouveaux de l'Odéon, Bocage, Beauvallet, Lockroy, Michelot, Doligny, Thénard, Closel, mesdames Charton, Dutertre, Anaïs, Wenzel et Brohan.

Lemétayer sollicita le privilége tombé des mains de Sauvage. Sa gestion fut courte et peu fortunée ; il transmit à Harel, le 2 septembre 1829, une dignité que devait rendre moins pesante l'allocation d'une indemnité annuelle de 180,000 francs.

Harel est resté le type du directeur bizarre, oseur, sceptique, artiste au total, et plus soucieux de la réussite d'une idée que du bon état des recettes. Le romantisme, qui naissait alors au théâtre, eut naturellement en lui un fervent apôtre. Alexandre Dumas ouvrit la marche par *Christine à Fontainebleau,* drame puissant, fécond en beautés neuves ; puis Frédérick-Lemaître, devenu célèbre par ses créations à l'Ambigu et à la Porte-Saint-Martin, vint donner à l'Odéon, dans des pièces appartenant aux deux écoles dramatiques, la mesure exacte de son talent superbe. *Nobles et Bourgeois,* la *Mère et la Fille, Napoléon Bonaparte,* la *Maréchale d'Ancre, Machiavel et Médicis,* le *Moine,* obtinrent, grâce à lui, de complets succès. A la même époque, Alfred de Musset essaya sur la scène du faubourg Saint-Germain son premier proverbe, *Une nuit vénitienne,* qui fut trop froidement accueilli pour que l'auteur crût devoir risquer une seconde tentative. En dépit d'efforts intelligents et malgré le concours de mademoiselle Georges et d'une troupe supérieure, Harel ne put vivifier l'Odéon. Il émigra à la Porte-Saint-Martin vers la fin de 1831.

L'Odéon fut alors livré à des exploitations intermittentes, la plupart singulières. On y vit, en 1832, un éléphant parader dans *Dick Bajah*; puis la Comédie-Française et l'Opéra-Comique s'entendirent pour y jouer alternativement tous les deux jours. La Comédie-Française demeura bientôt seule à utiliser, deux fois par semaine, la scène vacante; elle exploita ce privilége de 1836 à 1838. Les comédiens du Gymnase-Castelli vinrent ensuite, puis les Italiens chassés de la salle Favart par l'incendie. Ils se retirèrent promptement devant des résultats déplorables.

Demeuré clos pendant un temps assez long, l'Odéon tenta le courage d'un auteur dramatique applaudi; M. d'Épagny en obtint facilement le privilége. La représentation de réouverture s'effectua le 28 octobre 1841 par un prologue, *Mathieu Luc* et l'*Actionnaire*. Le succès se fit attendre, et d'Épagny céda ses droits à Lireux. Ce dernier engagea avec la mauvaise chance, une lutte acharnée, fort habilement conduite; mais la subvention de l'Odéon avait été limitée à 60,000 francs, et cette économique mesure amena une défaite nouvelle. Lireux disparut en mai 1845, après avoir fait éclore au soleil de la rampe mainte œuvre remarquable, et favorisé les débuts de Ponsard et d'Émile Augier.

On résolut alors d'accorder à l'Odéon de plus abondants subsides. La subvention fut élevée à 100,000 francs. Elle tomba pour la première fois entre les mains de Bocage, nommé directeur au mois de novembre. La fortune de l'Odéon changea presque aussitôt de face. Il est juste pourtant d'attribuer cet heureux résultat plutôt à l'habileté du directeur qu'à l'influence d'une subvention que Bocage sut économiser tout entière. *François le Champi, Diogène, l'Univers et la Maison,* furent les grands succès de ce temps.

Bocage céda, au commencement de 1847, la direction de l'Odéon à Vizentini. Celui-ci remporta quelques succès, mais après la révolution de février, il abandonna subitement son théâtre. Une partie des acteurs se dispersa, l'autre se mit en société sous le contrôle d'Alexandre Mauzin, nommé commissaire de la république en octobre 1848. Bocage reprit, l'année suivante, la direction, qui lui fut inopinément enlevée pour être donnée à Altaroche. La nouvelle administration fut des plus heureuses; elle rencontra, dans *l'Honneur et l'Argent,* un succès colossal. Ces chances favorables continuèrent jusqu'en septembre 1853; l'Odéon fut mis alors sous l'autorité d'Alphonse Royer, qui débuta par *Gusman le brave.* Charles de la Rounat prit, en juillet 1856, la gestion du second Théâtre-Français, qu'il transmit huit ans plus tard, à l'ancien directeur de l'Ambigu, Chilly. Cette période, illustrée par la représentation des meilleurs ouvrages de Georges Sand, n'offrit que des résultats heureux. A la mort de Chilly, en 1871, M. Duquesnel, son associé, fut confirmé dans la direction d'une entreprise qui lui était familière, et pour laquelle il inspirait la plus légitime confiance.

Depuis 1830 jusqu'à nos jours, se sont fait remarquer à l'Odéon, dans des emplois variés, MM. Laferrière, Ballande, Ligier, Ferville, Tisserand, Deshayes, Clarence, Randoux, Boudeville, Delaunay, Henri Monnier, Taillade, Thiron, Got, Berton, Lafont, Lafontaine, mesdames Dorval, Mélingue, Moreau-Sainti, Roger-Solié, Sarah Félix, Marie Laurent, Agar, Karoly, Emilie Dubois, Thuillier, Doche et Sarah Bernhardt.

Le théâtre de l'Odéon, complétement isolé, a la forme d'un rectangle, dont les deux grands côtés sont dirigés du midi au nord. Huit colonnes doriques, formant péristyle, décorent sa façade principale; trois galeries publiques, percées de 46 arcades, se lient avec le porche. Deux escaliers magnifiques conduisent au foyer, assez semblables aux traditionnels péristyles des anciennes tragédies. La forme intérieure de la salle est ovoïde; son grand axe a 56 pieds, le petit 47. Décorée simplement, elle contient 1,467 places confortables.

L'ODÉON AU POINT DE VUE POLITIQUE

LE QUARTIER DES ÉCOLES ET LES ÉTUDIANTS, LES TROUBLES DE JUIN 1820.

L'Odéon, relevé de son désastre précédent, se rouvrit le 30 septembre 1819, sous le nom de second Théâtre-Français. Corneille, Racine, Voltaire, Molière, dont les noms décorent les rues voisines, reprenaient possession du temple élevé pour eux.

Complétement assimilé, sous le rapport du répertoire, au théâtre de la rue de Richelieu, l'Odéon entrait en jouissance des pièces anciennes, et il n'était plus renfermé dans le seul domaine du comique. Les auteurs voyaient enfin accomplir leur vœu bien légitime. Une carrière nouvelle était ouverte, ainsi qu'aux acteurs. Joanny, surnommé le *Talma de la province,* et qui avait eu plusieurs créations dans des œuvres jouées d'origine sur des scènes départementales, notamment à Rouen et à Bordeaux.

Joanny tenait le premier emploi de la tragédie.

Mademoiselle Georges devait bientôt se joindre à lui dans cette noble arène. Sous la grande livrée un jeune Frontin arrivant de Rouen, Samson, montrait déjà un talent destiné par la suite à servir de modèle. Un autre jeune homme, moins avancé, n'en était encore qu'à chercher sa voie, car tout en tâtant le terrain de la comédie, il endossait aussi de modestes rôles tragiques ; mais il avait devant lui, comme Samson, l'avenir d'un maître de l'art ; c'était Provost, l'excellent Provost. Le second Théâtre-Français allait devenir ainsi la pépinière du premier.

C'était donc une grande solennité que cette inauguration. La jeunesse des écoles y prenait une vive part, car l'Odéon était son théâtre attitré ; elle y apportait son enthousiasme, sa passion, ses bravos, ses colères. Les immenses démolitions, les percements de larges rues et de spacieux boulevards, ont complétement anéanti la vieille physionomie du pays latin ; mais à l'époque dont nous parlons, et nous l'avons encore trouvé tel, dans les derniers temps de la Restauration c'était toujours le même quartier que Gresset a décrit dans sa *Chartreuse*. Les hautes maisons écaillées, noircies par le temps, ruches humaines qui tenaient leurs rangs avec les étroites rues de la Harpe et Saint-Jacques pour voies principales ; les libraires et les bouquinistes classiques incrustés dans leurs boutiques séculaires comme l'escargot dans sa coquille ; les humbles restaurants, les modestes hôtels qui nourrissaient et logeaient toute cette population de futurs docteurs, d'avocats et de magistrats en herbe, et où plus d'un homme politique se préparait aussi pour les luttes contemporaines; voilà ce que présentait alors ce quartier des écoles, maintenant effacé, confondu sous le commun niveau. Les étudiants aujourd'hui dispersés même au delà des ponts, mais encore concentrés dans cette zone spéciale, formaient un corps compact et fortement uni, où circulait une sève ardente. Le mot d'ordre y courait comme une traînée de poudre et il suffisait d'une étincelle pour mettre le feu. Le Droit et la Médecine, associés par une intime alliance, ne manquaient jamais, en toute occasion, de se donner la main.

En mars 1815, les écoles avaient fourni un certain nombre de volontaires comme l'attestait un drapeau donné par la duchesse d'Angoulême à ceux de l'Ecole de Droit, et qui resta placé, jusqu'en 1830 dans l'amphithéâtre des cours. Néanmoins, la majorité appartenait à l'opposition. Les idées de progrès et de liberté, qu'elles fussent traduites, par la presse, par la tribune, par le théâtre éveillaient chez cette jeunesse de chaleureuses sympathies.

Bien ou mal dirigées, ces aspirations valaient toujours mieux que cette indifférence toute matérielle par où le sens intellectuel et moral s'amoindrit, et les générations s'abaissent. Mieux vaut se passionner pour une opinion, pour un sentiment, quel qu'il soit, que de s'éteindre dans la torpeur, ou de s'abrutir dans d'ignobles orgies. La vie, se traduisît-elle par des mouvements désordonnés, est toujours préférable à la mort. En ce temps, la jeunesse avait certainement les goûts de son âge, mais elle n'était pas grossière dans ses plaisirs comme aujourd'hui ; elle ne recherchait pas l'abjection du langage et des allures ; elle ne s'absorbait pas à suivre en l'air, la fumée d'une pipe ou d'un cigare ; elle ne se plongeait pas dans une engourdissante vapeur dont souffre nécessairement la vivacité des perceptions morales. Si l'on objectait l'élan de la jeunesse d'Allemagne en 1813, et la pipe qui est sa compagne habituelle, je répondrais que le caractère allemand a son genre d'enthousiasme réfléchi, contemplatif, rêveur ; que le caractère français est différent, qu'il procède par spontanéité ; qu'il perdra ses facultés propres sans gagner la profondeur allemande, sous l'influence d'une habitude qui tend à l'amortir, à émousser sa pointe, et qui n'est pas en harmonie avec lui.

Mais en 1819, aucune cause physique ni morale n'affaiblissait dans la jeunesse, la vivacité des émotions. Cette année vit même le pays latin dans un véritable état d'émeute à propos de l'affaire de M. Bavoux, professeur suppléant, de procédure civile et criminelle. Dans sa leçon du 29 juin, en examinant les rapports du droit pénal avec le droit naturel et le droit politique, ce professeur avait paru aborder un terrain extrajudiciaire où l'accueillirent les applaudissements redoublés de la majorité libérale, écrasant quelques sifflets du parti opposé. Une rixe eut lieu dans la salle, le doyen de la Faculté de Droit, M. Delvincourt, parut dans la chaire, et déclara le cours de M. Bavoux suspendu. Le lendemain, M. Delvincourt lui-même faisant le sien, des murmures l'interrompirent plusieurs fois. Le 18 juillet, le trouble prit un caractère plus grave. La commission d'instruction publique ayant confirmé la décision du doyen, cet arrêté, placardé dans le quartier des écoles, fut arraché, mis en pièces. Des agents de police, des gendarmes en habit bourgeois, furent signalés et maltraités. L'écharpe du commissaire de police ne fut pas respectée davantage. Les soldats d'un poste voisin intervinrent. Un étudiant fut saisi et emmené au corps de garde. Ses camarades en grand nombre voulurent le délivrer; le poste entier sortit, barra la rue des Sept-Voies, près du Panthéon et de l'Ecole de Droit, en croisant la baïonnette. Des pierres furent lancées; les soldats chargèrent leurs armes. Une collision était imminente, quand un commissaire de police, nommé Fresne, se jetant entre les soldats et les jeunes gens, empêcha l'effusion du sang. Pendant ce temps, dans la cour de l'école, d'autres groupes non moins animés se pressaient devant la porte du doyen pour réclamer la mise en liberté de l'élève arrêté, ou écoutaient avec acclamations la lecture d'un projet de pétition à la Chambre, sûr de trouver un appui dans les députés libéraux. La gendarmerie à pied et à cheval pénétra dans la cour et la fit évacuer, en arrêtant quelques élèves. Le 2 et le 3 juillet, les rassemblements se renouvelèrent dans le jardin du Luxembourg, sur le boulevard du Montparnasse, sur la place de l'Observatoire. Ce ne fut pas sans peine qu'ils furent dispersés, et l'agitation de la rue continua dans les esprits.

Plein de cet énergique esprit de corps, le parterre de l'Odéon, était donc une puissance avec laquelle il fallait compter. Cette puissance, elle ne fut pas oubliée à l'inauguration du second Théâtre-Français, d'où datent surtout, à ce théâtre, les manifestations politiques.

Avant les deux pièces d'ouverture, qui étaient *Venceslas* et *l'Ecole des maris*, un prologue en vers traça le nouveau programme du théâtre, et réclama les bonnes dispositions du public, notamment du public des écoles.

« Soyez nos protecteurs, traitez-nous en voisins,
Vous, disciples d'un Dieu que plaisanta Molière,
Et songez qu'Apollon d'Esculape est le père.
Vous aussi, de Thémis, généreux nourrissons,
Reposez-vous ici de ses doctes leçons. »

L'auteur de ce prologue était un poëte qui allait bientôt faire son début dramatique et dont le jeune talent renfermait pour l'Odéon de grandes espérances. Le 23 du même mois, son affiche convia la foule à la première représentation des *Vêpres Siciliennes*. Éconduite par les sociétaires de la rue de Richelieu (car la réception à correction était connue, l'équivalent poli d'un refus), la tragédie de Casimir Delavigne avait bien à propos rencontré l'ouverture prochaine du second Théâtre-Français, qui la reçut à bras ouverts. Joanny, la colonne tragique de la nouvelle troupe eut dans Procida une création remarquable, et mademoiselle Guérin dans Amélie, fut très honorablement sa partenaire. D'ailleurs, l'interprétation eût-elle été supérieure sur le premier théâtre, peut-être les *Vêpres Siciliennes* n'y auraient-elles pas jeté le même éclat; peut-être l'auteur trouva-t-il une surabondante compensation dans la sève de passion et d'enthousiasme que le sujet de la pièce fait jaillir chez la jeunesse des écoles, et qui se traduisit en un triomphe comme rarement on en a vu. Déjà les *Messéniennes* avaient fait à Casimir Delavigne un nom populaire dans l'opinion libérale. Les *Vêpres Siciliennes* justifièrent cette faveur anticipée par un degré de talent que l'auteur a surpassé depuis, mais qui suffisait pour un brillant début. Ce qui lui valut autant et plus encore, ce furent les idées de patriotisme et de liberté qui palpitaient dans la pièce et dont l'effet fut électrique. Après le quatrième acte qui se termine par les chaleureux adieux de Montfort et de Lorédan allant combattre chacun pour sa cause, les bravos et les acclamations continuèrent jusqu'à ce que les acteurs rentrassent en scène pour l'acte suivant, le rideau n'ayant pas à se baisser.

Douze jours après, le 5 novembre 1819, le Théâtre-Français eut aussi sa tragédie nouvelle, et le rapprochement est curieux en plus d'un point. Les deux auteurs en étaient l'un et l'autre à leurs premiers pas dramatiques ; ils étaient nés dans la même ville, au Havre, ils étaient du même âge, à peu de chose près, car Delavigne était né le 4 avril 1793, et Ancelot le 9 janvier 1794 ; mais là s'arrêtent les rapports. En regard de la tragédie libérale de Casimir Delavigne — un peuple se soulevant contre ses oppresseurs — c'était une pièce toute monarchique et religieuse, c'était la figure d'un roi que l'Église catholique vénère comme un saint et dont les Bourbons se glorifieraient d'être fils. *Louis IX* est une œuvre pure, élevée, égale pour le moins aux *Vêpres Siciliennes* par le mérite continu du style ; mais le genre admiratif n'est pas celui qui remue le plus ; ce furent à la fois deux succès qui différèrent par le genre, par la couleur, par le diapason, par l'atmosphère. La pièce du Théâtre-Français avait pour elle la cour, les salons royalistes, sans préjudice du très légitime suffrage des lettrés ; c'était un noble succès littéraire et moral. Celle de l'Odéon passionnait le monde libéral et surtout les jeunes gens ; on allait à *Louis IX ;* on courait aux *Vêpres Siciliennes.*

La fortune des deux jeunes poëtes différa comme la couleur de leurs œuvres respectives. Casimir Delavigne adopté déjà par l'opposition fut de plus en plus son poëte dramatique favori. Ancelot vit la dédicace de son ouvrage agréée par le roi, il reçut une pension, puis la croix de la légion d'honneur, et enfin des lettres de noblesse, distinction dont il eut la sagesse de ne pas faire bruit, mais qui n'en fut pas moins contre lui, un texte fécond d'épigrammes. Pour le succès d'un écrivain, mieux valaient cent fois les faveurs de l'opposition que celles du pouvoir. Il fallait que celles-ci fussent bien larges et constituassent une véritable fortune pour compenser l'impopularité qu'elles amenaient avec elles.

La ville natale des deux poëtes fut elle-même une mère partiale dans ses affections. Il était permis de placer plus haut le talent de Casimir Delavigne ; le Havre pouvait s'en glorifier davantage, mais il ne devait pas méconnaître celui d'Ancelot, comme il parut le faire, poignante amertume pour le cœur du poëte. Ce fut seulement après sa mort que l'auteur de *Louis IX,* du *Maire du Palais* et de *Fiesque* obtint plus de justice dans sa patrie, et, par une réparation tardive, le Havre eut sa *rue Ancelot,* comme il avait déjà son *Quai Casimir Delavigne.*

Un fait douloureux vint accroître dans les écoles l'ardeur de l'esprit de corps et de l'esprit d'opposition. Dans les premiers jours du mois de juin 1820, la chambre des députés discutait une nouvelle loi d'élection dont les esprits se préoccupaient avec la vivacité qui s'attachait à toutes les questions politiques. Les députés de la gauche étaient salués à leur passage par des acclamations auxquelles répondirent des démonstrations contraires. Le cri de : *Vive le roi!* luttait contre celui de : *Vive la Charte!* qui séparait la constitution du souverain ; et, à son tour, il avait bien un peu l'air de vouloir le souverain sans la constitution. Dans les rixes qui s'élevèrent les cannes, comme à *Germanicus,* ne restèrent pas toujours inactives. Les troubles s'étendirent dans d'autres quartiers et durèrent plusieurs jours, sans que, néanmoins, la masse du peuple y prît part. C'étaient principalement des groupes de jeunes gens, parmi lesquels ceux des écoles ne demeurèrent pas inactifs. Le samedi 3 juin, sur la place du Carrousel, une patrouille du 5e régiment de la garde royale se vit enlever un individu qui venait d'être arrêté. Un soldat renversé dans la lutte où le prisonnier lui avait été arraché des mains, tira, en se relevant, un coup de fusil. La balle atteignit un jeune homme de vingt-trois ans, nommé Lallemand étudiant en droit, qui mourut quelques heures après. Ce triste événement ne manqua pas de retentir à la tribune. L'opposition y apporta une lettre écrite par le père du malheureux jeune homme, et d'après laquelle celui-ci aurait été frappé lors qu'il criait seulement : *Vive la Charte!* Elle accusa de calomnie certains journaux d'après lesquels Lallemand aurait tenté de désarmer le soldat qui le tua. Entre ces deux versions contradictoires, il est difficile de se prononcer, mais en admettant de préférence celle du père, il est fort possible de supposer que le coup de fusil ne prit pas Lallemand pour point de mire, et que, au milieu des groupes, la balle rencontra la victime sans la chercher. — Quoi qu'il en soit, la mort de l'étudiant fut un brandon de plus dans l'ardent foyer. Les funérailles du défunt, dont la famille habitait Paris, attirèrent un grand concours. De l'église Bonne-Nouvelle où se fit la cérémonie religieuse, le cortége se dirigea vers le cimetière du Père Lachaise.

Environ 200 jeunes gens le composaient, étudiants pour la plupart. Cette foule put entrer sans obstacle dans le cimetière. Trois discours furent prononcés. Deux n'étaient que des tributs de regrets inoffensifs, mais le troisième abordait le terrain brûlant de la politique. Un élève en droit proposa une souscription pour élever un monument sur la tombe. A son tour, un étudiant en médecine prit la parole, pour adhérer à cette motion au nom de ses camarades. Ainsi fut scellée dans la funèbre cérémonie cette alliance des deux écoles, qui ne se manifestait nulle part mieux qu'au parterre de l'Odéon. Ces troubles de juin 1820 eurent lieu entre deux grands événements, dont l'un parut éteindre un flambeau que l'autre vint rallumer : la mort du duc de Berry, la naissance du duc de Bordeaux.

※

Il y eut de malheureuses pièces immolées sur l'autel de la politique, autant et plus que sur celui de l'art. — Ce fut surtout par les mains du redoutable parterre de l'Odéon que se consommèrent ces sacrifices. Tel fut le sort de l'*Oreste* de Mély-Janin dans la soirée plus qu'orageuse du 16 juin 1821. L'auteur attaché à la rédaction de *La Quotidienne*, et connu par une publication périodique dans le même sens : les *Lettres champenoises*, était entaché de royalisme au premier chef. Toutefois l'*Oreste* de l'Odéon n'était pas pire que bien des tragédies qui ne sont pas mortes d'un trépas si violent, mais il était arrêté que l'auteur et la pièce seraient sacrifiés aux mânes de Lallemand, irritant souvenir que le triste anniversaire venait encore de raviver. Dans le parterre circulaient de petits bulletins portant ces mots : *Les écoles de droit et de médecine sont menacées : union et force.*

On se montrait les instruments aigus dont les batteries meurtrières allaient bientôt commencer leur feu. L'infortuné fils d'Agamemnon retrouva pour s'acharner contre lui, les Furies implacables qui lui avaient fait passer jadis tant de mauvais quarts d'heure et il put dire, avec une légère variante :

Pour qui sont ces serpents qui sifflent sur ma tête?

La réponse était facile, et les serpents ne dissimulaient guère à qui et à quoi s'adressaient leurs sifflements. Au dernier acte, le tapage incessant arriva jusqu'à un tumulte où les gens paisibles se sauvèrent du parterre dans l'orchestre, de l'orchestre sur le théâtre, selon l'usage en toute occasion pareille, sans préjudice de l'accompagnement obligé de la force armée. Cependant la seconde représentation se passa mieux : l'hostilité fut contenue et le bruit n'éclata que vers la fin; mais la perte d'*Oreste* était trop bien jurée. La troisième représentation le fit assez voir, et il n'y en eut pas une quatrième.

Un trépas non moins digne de mémoire fut celui de l'*Orphelin de Bethléem*. Le 18 février 1825 est la date du martyre de cette tragédie dans le calendrier Odéonien.

Ici le cas n'était pas le même que pour *Oreste*. L'auteur, jeune homme à son début, n'avait aucun antécédent politique ; mais la pièce accusait trop une complète inexpérience théâtrale. Ajoutez que la nature du sujet n'était pas propre à disposer favorablement le parterre philosophe de l'Odéon. Guiraud dans ses *Macchabées*, Soumet dans son *Saül* avaient, il est vrai, puisé aussi dans l'élément biblique et religieux et le même public n'en avait pas moins applaudi les beautés de ces deux ouvrages, mais l'*Orphelin de Bethléem* ne se présentait pas, malheureusement, avec un pareil passeport. Le pauvre orphelin trouva dans la salle des Hérodes aussi impitoyables que celui de la pièce, et des instruments de mort qui valaient bien les coutelas des satellites du tyran. On en était au troisième acte ; la tempête aiguë faisait mugir et grincer toutes ses fureurs. La mère de l'orphelin avait à faire une pathétique entrée avec son enfant. L'instant venu, l'actrice mademoiselle Gersay, qui jouait la mère, saisit vigoureusement la petite fille chargée du rôle de l'orphelin pour s'élancer en scène avec elle ; mais ne voilà-t-il pas que la malheureuse enfant, effrayée de cette brusque étreinte, peut-être aussi du vacarme de la salle, refuse absolument de sortir de la coulisse ! En vain on essaye la douceur, les injonctions, la menace ; je ne sais même si l'on n'employa pas, séance tenante, certains arguments en action usités chez nos pères, cet enfant réellement *terrible* s'obstina dans son refus. L'actrice fut obligée d'entrer seule, vaille que vaille : Pour pallier cet accroc, l'acteur Eric-Bernard annonça que l'enfant s'était blessé en se prenant le pied dans un trapillon, ce qui ne toucha pas les cœurs, et ne fit qu'ajouter au brouhaha.

Par compensation pour la scène ainsi accrochée, il s'en joua dans la salle une autre dont l'action fut des plus animées et des plus vives. Le parterre avait, à l'Odéon comme ailleurs, sa phalange de *romains*. Ce soir-là, les claqueurs se débattaient de leur mieux contre un arrêt trop bien prononcé. Ils y mettaient même une fougue, une violence de zèle qui, dans l'état des choses, était une grosse maladresse et ne pouvait qu'exaspérer le public indépendant. A la lutte des applaudissements et des sifflets se mêlaient les apostrophes peu parlementaires, préludes et symptômes d'une explosion. Tout à coup ce cri redoutable se fait entendre : *Les cartes aux chapeaux!* Il faut savoir qu'à l'Odéon, alors, les spectateurs qui prenaient un billet de parterre au bureau recevaient en même temps un numéro sur la présentation duquel on leur délivrait des contremarques de sortie; les claqueurs n'en avaient pas. Les numéros servaient donc au besoin de marque distinctive entre les spectateurs payants et les autres. C'est un détail particulier de mœurs et coutumes théâtrales qui n'est pas inutile pour faire connaître le caractère tout local qu'offrait l'Odéon dans ses fréquents orages. Au cri de ralliement qui est proféré les cartes sont aussitôt arborées; la bataille s'engage, les coups de poing pleuvent comme grêle. Il y eut des chapeaux enfoncés, des redingotes déchirées; mais l'issue de la lutte ne resta pas longtemps indécise : les claqueurs furent mis en déroute, culbutés, expulsés, et les vainqueurs reprirent leurs places, haletants et triomphants. Sur leur sommation, le directeur Bernard dut venir faire la promesse formelle que les claqueurs étaient bannis à tout jamais. Cette suppression éternelle ne dura pas longtemps; les claqueurs sont comme les orties : on ne les déracine pas facilement dans un parterre, ils y repoussent toujours. Mais, à ce théâtre, le métier était rude; aussi disait-on que les chefs de ces nobles bandes, quand un de leurs subordonnés manquait à son devoir, condamnait le délinquant à huit ou à quinze jours d'Odéon.

Pour la pauvre tragédie, elle était restée

pendant ce temps comme une victime pantelante sous le couteau. Le combat fini, elle reprit péniblement sa marche douloureuse. La mère éplorée adressa au souffleur ou à la coulisse la tirade destinée à l'objet absent de sa tendresse, et il ne manqua rien, rien que le malencontreux enfant, à la cruelle gaieté du sacrifice. Cette représentation fut la première et la dernière, et elle resta fameuse dans les annales de l'Odéon sous le nom de *Bataille de Bethléem*.

Le directeur Bernard qui dut dans la soirée orageuse de *Bethléem* s'expliquer en personne devant le tribunal du parterre, était coutumier de ces sortes de comparutions. Il s'en troublait d'autant moins, qu'il avait comme acteur, l'habitude des planches. Il avait débuté dans la tragédie au Théâtre-Français ; à l'Odéon, il remplissait au besoin quelques rôles. Sur l'appel du parterre, il se présentait de bonne grâce, et il répondait aux orateurs avec une aisance et un aplomb parfaits. Une fois on jouait un drame mêlé de chant intitulé : *Préciosa*, imité de l'allemand, musique de Weber. Cette sœur du glorieux *Freyschütz* n'avait pas eu le même bonheur. Le public ayant brusquement interrompu cette histoire assez embrouillée de bohémiens et de fille enlevée, Bernard, par une attention délicate, vint conter la fin de la pièce en faveur des spectateurs désireux de la connaître. « Messieurs, dit-il, Préciosa retrouve son père, elle épouse son amant, et tout s'arrange pour le mieux. » De la sorte, personne n'alla se coucher inquiet sur le sort de l'héroïne.

Il y avait à peine trois mois depuis la *Bataille de Bethléem,* lorsqu'une nouvelle victime fut immolée sur ce théâtre de l'Odéon, qui était comme un autel expiatoire.

Cette fois il s'agissait encore d'une tragédie, la *Mort de César,* dont l'auteur n'était pas mieux noté que Mély-Janin.

Jacques Corentin Royou, né à Quimper vers 1745, était un vétéran de la presse et du royalisme. Beau-frère de Fréron, dont il avait épousé la sœur, il avait des opinions en harmonie avec cette alliance antivoltairienne. Pendant la révolution, rédacteur de l'*Ami du Roi,* puis du *Véridique,* il avait défendu la cause monarchique au péril de sa vie, avec un courage qui mérite toujours l'estime. De la part du beau-frère de Fréron, c'était d'ailleurs une façon un peu hardie et un peu imprudente de combattre Voltaire que de refaire une de ses tragédies, une de celles qui n'ont pas besoin d'être refaites, et la nouvelle *Mort de César* ne pouvait soutenir la comparaison, quoiqu'elle ne fût pas littérairement une de ces œuvres qui appellent les sifflets et les huées.

Cet ouvrage déjà condamné par le seul nom de l'auteur était en outre empreint d'une couleur peu susceptible de mettre le parterre en meilleure disposition.

Dans la première scène du troisième acte, César prononce un discours où ces vers que les juges impartiaux trouveront énergiques et bien frappés, excitèrent un soulèvement furieux.

. . . . . . Encor trois ans de guerre,
Il n'existera plus qu'un peuple sur la terre;
Mais pour le gouverner il faut un souverain,
Et non pas un Forum sans pudeur et sans frein,
Foyer toujours brûlant de discorde civile :
Il faut avoir un roi pour n'en avoir pas mille.

Cette soirée du 9 mai 1825 ne fut pas seulement la reproduction de celle d'*Oreste* et de l'*Orphelin* : elle offrit un incident qui, sans doute, était nouveau dans les annales des théâtres.

Au quatrième acte, tandis que les acteurs vaincus par les sifflets, étaient à peu près réduits à la pantomime, voilà que tout à coup sort des coulisses un petit vieillard habillé de noir, en culotte courte. Il passe entre César et Brutus qui étaient en scène, se dirige rapidement vers le souffleur, lui arrache le manuscrit des mains, fait un geste de menace au parterre et disparaît comme il était venu. Ce vieillard était l'auteur, qui n'avait pu soutenir plus longtemps son supplice. Une manière si peu usitée de *retirer* une pièce redouble le tapage. Le parterre avait désormais le rôle d'insulté, et il en usa sans merci. Pour satisfaction il exigea que l'ouvrage ne perdît rien des avanies, des moqueries, des huées auxquelles il lui plut de le soumettre. La *Mort de César* ne fut jouée qu'une fois, mais elle le fut jusqu'à la fin et, contre l'habitude, en dépit de l'auteur. Heureusement, ceux que l'on a sifflés avant et depuis la *Mort de César* (et la liste en serait longue) se sont contentés de maudire leurs juges, et ne sont pas venus comme le vieux Royou, leur montrer le poing. L'irascible auteur ne se refusa pas le dédommagement ordinaire. Dans la préface de sa pièce qu'il fit imprimer il malmena vigoureusement les *petits Mahomets du Libéralisme;* il déchargea son ressentiment comme un homme qui n'avait plus la moindre envie de se présenter devant leur tribunal; il se plaignit de n'avoir pas été jugé, de n'avoir pas été entendu, et là-dessus, franchement, il disait vrai.

*
* *

Depuis le mois d'avril 1864, l'Odéon avait cessé de porter le titre de second Théâtre-Français. Il avait joint le genre lyrique à la tragédie et à la comédie. Cette importation avait été inaugurée par une espèce d'Ambigu dans lequel le contingent musical était fourni par Auber et Boïeldieu, et c'était là que se trouvait l'air transporté ensuite dans la *Dame blanche*, avec ces nouvelles paroles : *Ah! quel plaisir d'être soldat!*

L'Opéra, le nouveau venu, n'avait pas tardé à devenir à peu près le maître de la maison.

Le *Freyschütz* allemand, sous le titre de *Robin des Bois* obtenait un succès que la première représentation n'avait pas annoncé, car elle fut vertement sifflée; mais la seconde, donnée huit jours après avec quelques changements dans le libretto et dans la distribution avait amplement réparé le mal et commencé une vogue inespérée. Le célèbre chœur : *Chasseur diligent* jouissait d'une popularité qui finit par être fatigante, tant on en était partout poursuivi, comme on l'est aujourd'hui par la *Fille du Tambour-major* et les *Cloches de Corneville*.

Il n'y eut pas jusqu'à des cantiques pieux qu'on ne mît sur cet air, presque avec les mêmes paroles, en remplaçant : *Chasseur diligent* par *Chrétien diligent*.

Quand l'Odéon, comme les autres principaux théâtres, reçut la visite de son nouveau roi, Charles X, on ne crut pouvoir mieux faire, pour le spectacle royal, que de choisir l'Opéra qui était en si grande faveur. Or, Charles X aimait la chasse, notamment la *grande chasse*, la chasse princière, triste passe-temps, aux yeux de quiconque réfléchit. L'esprit de critique, même sans idée d'opposition sérieuse, ne laissa pas inaperçu, chez le roi, ce goût porté trop loin, et s'avisa de chercher dans *Robin des Bois* une application railleuse. Le *Chasseur diligent qui devance l'aurore* n'était autre que l'auguste veneur.

Le roi vint donc voir *Robin des Bois* sans aucun soupçon, comme il serait venu voir tout autre ouvrage. A la suite des couplets qui ont pour refrain : *C'est ma philosophie,* un officieux se chargeant de suppléer les auteurs de la pièce, en avait ajouté un beaucoup meilleur par l'intention que par la forme.

> Un roi sage en ses projets
> Porte en son cœur les sujets
> Que Dieu lui confie,
> A ses soins, à son amour
> Que l'on paye un doux retour :
> C'est sa philosophie.

Par une malencontreuse coïncidence, à la suite de ce couplet qui avait dirigé vers le roi la pensée et le regard de tout le monde, ce toast arrivait immédiatement : *Au grand chasseur Robin des Bois!* Un mouvement continu qui ressemblait beaucoup à de l'hilarité se fit sentir dans la salle. L'intention flatteuse du compliment, tournait en quelque chose de tout contraire et ressemblait étrangement au pavé de la fable. Par bonheur, le spectateur le plus intéressé ne se douta pas d'où venait cet effet non prévu; mais quelqu'un qui fut terriblement mal à son aise, ce fut le directeur; jamais homme ne se sentit serré dans de plus petits souliers.

Après la révolution de juillet, dans les pièces où le roi déchu fut si cruellement traité, le goût de Charles X pour la chasse fut rappelé en termes bien plus amers. La haineuse invective remplaça la plaisanterie.

Rappelons que l'introduction de l'opéra sur la scène de l'Odéon fut inaugurée par les *Trois genres*, prologue tragique, comique et lyrique.

*
* *

Un magnifique sacrifice s'accomplit le 20 avril 1827. — Il y avait une ville de Grèce qui offrait le spectacle d'une résistance désespérée, comme celle qui était représentée sur la scène de l'Opéra. Missolonghi déjà immortalisé en 1822 par l'heureuse défense qui vit Botzaris renouveler le dévouement des Thermopyles, Missolonghi où lord Byron avait exhalé son dernier soupir en réparant noblement les torts de sa vie, Missolonghi était de nouveau pressé par une armée nombreuse. Le sultan ordonnait que cette fois la ville condamnée fût anéantie, dût-il précipiter sur elle toutes les hordes de son empire.

Ces braves s'enveloppèrent dans leur drapeau mutilé, puis, quand les Turcs s'élançant sur la brèche, croyaient n'avoir plus qu'à saisir leur proie, une explosion terrible enveloppant l'assaillant et l'assailli, ne laissa aux barbares que des décombres fumants.

Cet épisode immortel fut représenté sur le théâtre de l'Odéon le 10 avril 1828, et sans titre d'emprunt, dans toute sa réalité.

Un chanteur encore obscur dont le nom devait retentir bien haut, se faisait entendre dans la partie musicale, sous le costume d'un guerrier, ce chanteur n'était autre que *Duprez,* sujet secondaire dans la troupe lyrique de l'Odéon. — Il alla ensuite débuter à l'Opéra-Comique sans y produire grand effet, partit pour l'Italie, et en revint armé de son fameux *ut de poitrine,* l'instrument de sa célébrité.

Madame Duprez chantait auprès de son mari la partie d'une jeune Grecque. Entre la catastrophe héroïque de Missolonghi et la pièce qui la célébra, la journée de Navarin (20 octobre 1827) avait été saluée par une immense acclamation.

*
* *

Une autre première représentation remarquable du même temps fut celle du second drame d'Alexandre Dumas, *Stockholm, Fontainebleau et Rome,* joué à l'Odéon quelques semaines après *Hernani,* le 30 mars 1830.

L'empressement y fut aussi très grand.

Les deux premières parties de cette trilogie obtinrent un succès complet. Restait la troisième ; *Rome* où l'on voyait Christine, tachée du meurtre de Monadelschi, chargée du sanglant souvenir de Fontainebleau, mourant dans la capitale du monde catholique qu'elle avait prise pour retraite. Cette dernière partie n'était guère qu'une lente agonie, elle ne pouvait que refroidir les spectateurs après les terribles émotions de l'acte précédent.

Ajoutons qu'il était à peu près minuit, quand on avait levé le rideau pour la troisième fois. Or, à cette époque, le public n'avait pas l'habitude de subir des pièces qui durent cinq ou six heures et de ne sortir du spectacle que le lendemain. L'acte de *Rome* jugé très superflu, ne fut représenté que cette seule fois et le drame ne fut plus intitulé que : *Stockholm et Fontainebleau*.

*
* *

Le directeur de l'Odéon était alors Harel, cet homme qui a dépensé plus d'esprit pour n'avoir pas un sou, que bien des gens pour faire fortune. Avant de se vouer aux affaires de théâtre, Harel avait passé par la politique et par la haute administration. Préfet pendant les Cent Jours, et dévoué très activement à la cause impérialiste, il fut compris dans la liste de bannissement du 24 juillet 1815 ; mais son exil ne fut pas de longue durée. S'étant associé à la vie aventureuse de mademoiselle Georges, il parcourut les départements avec elle et sa troupe ambulante. Dans ces pérégrinations, qui rappelaient souvent le chariot du *Roman comique*, et qui exploitaient jusqu'au hangar dramatique du simple chef-lieu de canton, le ci-devant préfet ne dédaignait pas, dit-on, les modestes fonctions du contrôle. Revenu à Paris, Harel, ne fut pas desservi par ses antécédents politiques, lorsqu'il demanda en 1829 la direction de l'Odéon, après les revers de MM. Sauvage et Lemétheyer ; et même il obtint un accroissement de subvention. Il prit ensuite la Porte-Saint-Martin, (où nous parlons de lui, plus amplement) toujours avec mademoiselle Georges pour maîtresse colonne du théâtre, et l'on sait après quelle longue et infatigable lutte il finit par succomber à la peine. Vaincu comme directeur, la scène le vit reparaître à titre d'auteur quoiqu'il ne fût plus dans l'âge où l'on se fait une carrière. A l'Odéon il donna une comédie en deux actes, intitulée *le Succès*, qui justifia son titre, et au Théâtre-Français une autre en cinq actes, *les Grands et les Petits*, qui eut moins bonne chance. L'Académie couronna son *Eloge de Voltaire*. Harel est mort dans un état de trouble et d'exaltation d'esprit, qui n'est pas à l'usage des imbéciles.

L'ODÉON PENDANT LA GUERRE.

— 1870-1871 —

L'Odéon fut converti en ambulance d'abord, ensuite en dépôt de vivres de l'intendance militaire, alors que trois obus, s'étant indiscrètement logés dans la toiture eurent démontré que le séjour pouvait êtr malsain pour des malades.

Le service de l'ambulance était fait pa les dames artistes du théâtre qui s'étaien adjoint quelques amies et connaissances jamais, on peut le dire, malades ne furen mieux soignés. Le R. P. Jules Simon, lui même, qui était alors ministre des Culte et des Beaux-Arts, vint bénir les charman tes infirmières de sa voix la plus dolente

Ici se place une petite anecdocte qu nous a été contée par une mauvaise lan gue, et que nous reproduisons à titre de cu riosité.

Parmi les infirmières les plus zélées, s trouvaient deux amies intimes : une brun opulente, — façon Rubens, — et une blond diaphane, — manière anglaise.

Ces deux poules vivaient en paix, lors qu'un jour, un coq survint, et voilà la guerr allumée.

Le coq, c'était un prisonnier blessé, jeune, beau et touchant; un blond aux yeux bleus, qui adorait la France, et détestait l'Allemagne, — il maudissait cette guerre horrible qui l'avait forcé à porter les armes contre sa patrie d'adoption; après des luttes, des résistances, il avait fallu partir quand même, car noblesse oblige, et il était fils de prince.

Qui ne se serait laissé attendrir?

La brune se laissa toucher, dit-on; la blonde ne fut pas insensible et le blessé prolongea sa convalescence. Cependant l'instant de la séparation arriva, on se fit des adieux déchirants... en partie double, on échangea des boucles de cheveux, des serments et des photographies.

Trois mois après on sut que le prince charmant était un commis en librairie de Hambourg.

Depuis cette époque la brune et la blonde ont vendu leurs bibliothèques.

Pendant la Commune l'Odéon faillit brûler, mais l'armée arriva à temps pour empêcher les chevaliers du pétrole de mettre leur projet à exécution.

DIRECTIONS CÉLÈBRES

HAREL ET SES SUCCESSEURS.

La période romantique fut très glorieuse, plus glorieuse que lucrative; car malgré le talent éprouvé d'artistes tels que Frédérick Lemaître, Lockroy, Ferville, mesdames Georges, Moreau-Sainti, etc., malgré l'habileté d'Harel, auquel on prête autant de bons mots qu'à Talleyrand lui-même, le second Théâtre-Français ne pouvait, selon l'expression de Gautier, « ni vivre, ni mourir ».

Les premières représentations étaient brillantes, animées, on s'y passionnait et nulle part les querelles d'école n'étaient plus vives; on s'interpellait à haute voix, parfois on en venait aux mains; puis il semblait que ce grand effort eût épuisé le public, et dès la seconde et troisième représentation, le vide se faisait dans la salle et les comédiens jouaient devant les banquettes.

Et pourtant, que de débuts intéressants sur cette scène ingrate où Alexandre Dumas faisait représenter la *Maréchale d'Ancre!*

Quant à Alfred de Musset, le succès plus que négatif obtenu à l'Odéon par sa première pièce : *Une Nuit vénitienne,* l'éloigna pour longtemps du théâtre où il ne reparut que quelque vingt ans après avec ses charmants proverbes qui obtinrent l'immense succès que l'on sait, et forment aujourd'hui, à la Comédie-Française, l'un des meilleurs éléments du répertoire de genre.

Après plusieurs années de luttes incessantes contre la mauvaise fortune, Harel quitta l'Odéon pour la Porte-Saint-Martin, préférant, comme disait Roqueplan, faire faillite sur le boulevard.

L'Odéon tomba alors dans un marasme plus grand encore que par le passé, les combinaisons administratives se succédaient les unes aux autres avec le même résultat négatif, jusqu'au jour où les destinées du second Théâtre-Français furent remises aux mains d'un directeur plus sceptique, plus gascon, plus gouailleur, et au moins aussi spirituel, j'ai nommé

AUGUSTE LIREUX

Auguste Lireux se dit qu'il fallait à tout prix galvaniser le théâtre ; il déploya pendant sa direction une activité vertigineuse.

On répétait les pièces pendant huit jours, mais on ne les jouait guère que cinq à six fois.

Les premières représentations se succédaient presque sans interruption; c'était comme un feu de file, on en donnait jusqu'à trois dans la même semaine. Quant au spectacle il se composait régulièrement chaque soir de douze à quinze actes.

Le dimanche on faisait bonne mesure, on allait jusqu'à *dix-huit!!*

En l'année 1841 — si je ne me trompe — le nombre des pièces nouvelles atteignit le chiffre *effroyable* de *soixante-dix*... et l'on signala dans la troupe plusieurs cas d'insolation dramatique.

Ce fut sous cette direction à toute vapeur que furent joués la *Lucrèce* de Ponsard, la *Ciguë* d'Emile Augier, le *Voyage à Pontoise* d'A. Royer et de G. Vaëz.

Malgré ce travail surhumain, malgré cette activité dévorante, Lireux succomba à la peine. — Cette chasse effrénée à la pièce de cent sous, une caisse toujours vide, avaient épuisé son courage, et pour prix de tant d'efforts, il trouva la faillite.

Il est vrai qu'ensuite il eut des compensations, et qu'ayant renoncé à tout jamais au théâtre, il reprit sa plume de journaliste, puis s'improvisa financier. *Colonnade* pour *colonnade,* il se trouva mieux, dit-on de celle de la Bourse que de celle de l'Odéon et mourut presque dans la peau d'un millionnaire.

Cette physionomie de Lireux est une des plus curieuses qu'on puisse rêver et ceux qui l'ont connu ne sauraient oublier ce profil de polichinelle qu'on rencontrait régulièrement à la Bourse de midi à trois heures et à l'Hôtel des Ventes de trois à six heures, cette face rubiconde surmontée d'un chapeau à larges bords en forme de pot de crème et ce pantalon idéal, dont le député Schœlcher a seul conservé la tradition.

La faillite de Lireux avait démontré d'une manière absolue qu'il fallait fermer l'Odéon ou le subventionner.

En 1843, il fut accordé, sous le ministère de M. Duchâtel une subvention de 60,000 fr. qui reconnue insuffisante, fut portée au chiffre rond de 100,000 fr. en 1847. En outre, on autorisa le théâtre à fermer pendant quatre mois d'été, époque à laquelle les recettes atteignaient des chiffres d'une maigreur effrayante.

Le premier directeur qui profita réellement de ces avantages fut le comédien

BOCAGE

qui dirigea habilement l'Odéon pendant plusieurs années et y fit même assez bien ses affaires.

Très intelligent, très au fait des affaires de théâtre, administrateur parcimonieux et ne jetant pas ses écus par la fenêtre dans la crainte de ne les voir pas rentrer par la porte, il prisait par-dessus tout les succès à peu de frais. Il eut la chance d'inaugurer sa direction par *François le Champi*, le chef-d'œuvre de George Sand, et le drame de Léon Gozlan, la *Main droite et la main gauche*.

Mais Bocage s'occupait un peu trop de politique, si bien qu'un jour certain ministre de l'intérieur, plus susceptible que de raison, lui retira son privilége qui fut transféré à M.

ALTAROCHE

sous la direction duquel fut joué l'*Honneur et l'Argent*, de Ponsard, un des succès les plus grands et les plus complets du théâtre de l'Odéon.

Le triumvirat

A. ROYER, G. VALEZ ET C. NARREY

Qui succéda à Altaroche ne resta que peu de temps aux affaires, mais y fit assez bien les siennes, grâce aux reliefs de l'*Honneur et l'Argent*, grâce à *Mauprat*, le beau drame de George Sand, à la *Bourse*, une nouvelle comédie de Ponsard et à la *Con-*

science, drame imité de l'allemand par Alexandre Dumas.

Alphonse Royer ne resta d'ailleurs que peu de temps à l'Odéon, qu'il ne tarda pas à quitter pour prendre la direction de l'Opéra. Son successeur fut M.

DE LA ROUNAT

qui y resta onze années, de 1855 à 1866.

Les plus brillants succès obtenus sous cette direction sont : le *Marquis de Villemer*, qui n'a pas eu moins de trois cents représentations en trois reprises ; le *Testament de César Girodot*, actuellement au répertoire du Théâtre-Français ; *Madame de Montarcy*, la première œuvre dramatique du pauvre Louis Bouilhet ; la *Jeunesse* d'Émile Augier.

La dernière pièce jouée sous la direction de M. de La Rounat fut la *Contagion* d'Émile Augier.

M. de La Rounat eut pour successeur, en 1866, M.

DE CHILLY

Chilly — tout court au théâtre, — avait amassé une fortune assez ronde en dirigeant, d'une façon très brillante pendant sept ans, le théâtre de l'Ambigu.

Il avait trouvé une mine d'or dans l'inépuisable succès du *Juif Errant*. — Il est vrai de dire qu'il en fut lui-même un des éléments principaux par sa création de Rodin.

Sa direction, à l'Odéon, fut moins heureuse; cependant il faut citer parmi ses succès : la *Conjuration d'Amboise* de L. Bouilhet; le *Bâtard*, la première et meilleure pièce de Touroude ; le *Passant*, de François Coppée et enfin la reprise de *Ruy-Blas*.

La reprise de *Ruy-Blas*, qui mit six ans à aboutir, grâce aux interdictions successives qui pesèrent sur le drame de Victor Hugo, fut comme un véritable cauchemar pour le pauvre Chilly.

Il se trouvait continuellement placé entre le désir de jouer la pièce, qui ne pouvait manquer d'être un succès d'argent, et la crainte de désobliger l'administration.

Or, pour lui, le ministre était un dieu, une sorte de fétiche qui lui inspirait une crainte respectueuse, car il avait rêvé la croix d'honneur.

Aussi répétait-il toujours, comme poussé par un secret pressentiment : « *Ruy-Blas* sera cause de ma mort. »

Chilly ne croyait pas si bien dire, car il mourut d'un coup de sang, le jour même du banquet donné chez Brébant à l'occasion de la centième représentation de *Ruy-Blas*.

LE COMITÉ DE LECTURE

Ce comité est un mite. Jugez-en : il ne se réunit que sur l'ordre du Ministre des Beaux-Arts, une fois par mois ; or, cet ordre n'a pas été donné une seule fois pendant l'exercice 1879-80. En conséquence, autant de manuscrits reçus, autant de manuscrits à lire et qu'on n'a jamais lus, faute d'examinateurs.

Demandez à Bridault ce que cette indifférence du Ministère, lui a valu de réclamations légitimes de la part des jeunes auteurs qui, eux n'ont qu'un raisonnement : Si on ne nous lit pas, c'est parce que le directeur ne le veut pas!

Voici la composition du comité de lecture de l'Odéon, qu'on devrait appeler plutôt comité de lecture-Benoîton, puisqu'il est toujours sorti.

MM. VAUCORBEIL, président.
    HENRI DE LAPOMMERAYE.
    MICHEL MASSON.
    CORMON.
    DUQUESNEL.
    FERRAND, examinateur, chargé de lire *tous* les manuscrits (*pauvre homme!*) et d'attirer sur eux l'attention du comité.

Ch. Bridault, secrétaire rédacteur du comité.

ADMINISTRATION

MM. Félix Duquesnel, directeur.
Charles Bridault, secrétaire général, administrateur.
Bellevaut, régisseur général.
Tousé, régisseur de la scène.
Gallier, caissier.
Bassua, contrôleur en chef.

TABLEAU DE LA TROUPE

(par ordre alphabétique)

MM.	Mmes
Amaury.	Antonine.
Boudier.	Marie Bergé.
Clerh.	Chéron.
L. Cressonnois.	Caron.
Foucault.	Crosnier.
François.	Dufrène.
Fréville.	Gravier.
Gibert.	Kolb.
Marais.	Marie Jullien.
Porel.	Hélène Petit.
Pujol.	Marie Samary.
Rebel.	Sisos.
Valbel.	Valentine.

M. FÉLIX DUQUESNEL

Directeur

Après la mort de Chilly — au mois de juin 1872 — il y eut une sorte d'interrègne de deux mois, et le ministre des Beaux-Arts, M. Jules Simon, sur une demande signée par tous les artistes et employés du théâtre sans exception, remit le privilége aux mains de M. Félix Duquesnel, qui avait été associé à la direction précédente, et de fait, administrait l'Odéon depuis plusieurs années.

M. Duquesnel est un homme de quarante ans, ou mieux, suivant l'expression très heureuse d'une de ses pensionnaires, c'est un *jeune homme* de quarante ans, car il est loin de paraître son âge en dépit d'une vie agitée et passablement remplie.

A dix pas, on lui donnerait vingt-cinq ans, de près, il en paraît trente, et n'étaient quelques mèches indiscrètes qui menacent de passer du blond au gris cendré, il pourrait aisément tromper son monde.

Que de fois il a été salué par cette phrase :

— Pardon, monsieur, ce n'est pas à vous que je désirerais parler, mais bien à M. votre père.

A quoi il répondait invariablement :

— Mon père, c'est moi.

Issu d'une très bonne famille de Picardie, il est né à Paris, et c'est un type parisien pur sang; on peut dire qu'il résume en lui beaucoup des qualités et des défauts de la grande ville. Sceptique à l'excès, sauf en matières religieuses, railleur sans pitié, poli jusqu'à l'impertinence, c'est malgré tout, l'homme le plus sociable et le plus facile à vivre. Très bon et très bienveillant par nature, il n'a jamais su se refuser le plaisir de rendre un service; il est adoré de tout son personnel, artistes et employés, qui apprécient l'égalité de son humeur, car il est aimable et gai, même au lendemain d'une chute.

Artiste et aristocrate jusqu'au bout des doigts, très loyal et très honnête dans ses relations d'affaires, causeur intrépide, amateur de bibelots et connaisseur très expert, — pourvu qu'il soit bien ganté, bien chaussé, qu'il ait un interlocuteur spirituel, ou des faïences de Nevers — il s'inquiète assez peu que la France soit en république ou en monarchie.

On peut affirmer qu'il y a deux choses qu'il ne saura jamais faire : une mauvaise action et des économies.

Il entend très bien le théâtre qu'il a étudié théoriquement d'abord dans ses chroniques théâtrales, très remarquées du *Courrier du Dimanche;* pratiquement faisant de la mise en scène avec feu Chilly.

C'est lui qui a monté *Ruy Blas* et la *Jeu-*

nesse de Louis XIV, et nous pourrions citer nombre d'auteurs qui ont eu singulièrement à se louer de ses conseils, nous pourrions dire de sa collaboration.

Le directeur de l'Odéon, un lettré s'il en fût, est bachelier ès-sciences, docteur en droit, etc., etc. Il a tous les grades universitaires; sa famille le destinait au barreau, et il n'avait pas dix-neuf ans quand il prêta son serment d'avocat.

Doué d'une remarquable facilité de parole, il eut les débuts les plus brillants, mais dut s'arrêter après quatre ou cinq ans d'exercice, pour cause de faiblesse de larynx. Il se fit alors journaliste, et écrivit sous divers pseudonymes de nombreux articles de critique littéraire et le plus souvent des articles politiques qu'il serait bien embarrassé de réunir aujourd'hui, car il ne collectionne sérieusement que les faïences.

« Quel dommage — disait Sainte-Beuve, qui l'aimait beaucoup et en faisait grand cas — avoir une aussi charmante plume et ne s'en servir que pour se gratter l'oreille. »

Ajoutons, comme signes particuliers, que le directeur de l'Odéon est d'une grande sobriété, qu'il ne fume jamais, qu'il a été il y a quelque dix ans joueur comme les cartes, qu'il adore les enfants et les chiens.

Est-ce vrai?

Enfin, s'il a des ennemis acharnés, il a des amis plus acharnés encore.

M. DUQUESNEL

2ᵉ Portrait.

Souverain de l'Odéon. C'était une fichue souveraineté autrefois. T'en souviens-tu, Lireux, du haut du ciel ta demeure dernière?

Te souviens-tu des prodiges d'imagination qu'il fallait exécuter pour composer une affiche effroyablement copieuse sur laquelle, afin d'attirer le public du dimanche, on accumulait cinq actes de comédie a des intermèdes? Te souviens-tu du truc ingénieux que tu employais pour que cet entassement alléchant ne t'obligeât pas quand même à payer l'amende du passé minuit?

Avant que personne fût entré dans la salle, on commençait carrément par le troisième acte de la tragédie; de sorte que les premiers arrivés croyaient naïvement être en retard et avalaient la moitié qu'on leur faisait facilement prendre pour un tout. Les temps sont bien changés. M. Duquesnel est un prince régnant qui a un budget considérable, moins à cause des émoluments qu'il donne à ses artistes qu'en raison de son goût pour les pompes de la mise en scène. Il pousse aussi loin que personne l'amour de ces pompes-là, et je suis sûr que son regret est de ne pouvoir dépenser cent mille francs pour monter le *Tartufe* en féerie. Il a eu du reste l'occasion de s'en donner à cœur joie avec *Balsamo* et la *Jeunesse de Louis XIV*. Et ce n'a pas été un des moindres étonnements pour les étrangers que de voir la pièce à grand spectacle émigrée sur la rive gauche dans les régions où la pauvreté de la rime classique se drapait jadis dans sa seule nudité. M. Duquesnel qui compte à son actif d'éclatants succès tels que les *Danicheff* et la *Maîtresse légitime*, déconcerte un peu les routiniers par sa façon nouvelle. Mais il est juste de le reconnaître, il fait tout aussi bien les choses quand il s'agit d'un jeune que d'un vieux.

On l'a vu, lorsqu'il a donné l'*Hetman*, de M. Deroulède. Au physique une tête fine, blonde de cheveux, blonde de moustaches si blonde que la nature semble en avoir, voulu faire une grisaille.

Peut tricher à son aise avec son extrait de naissance, car il a conservé l'aspect d'une juvénilité permanente.

Encore une innovation pour l'Odéon, où il semblait qu'une tête mûrie fût de rigueur.

Les lignes biographiques qu'on vient de lire sont signées : Pierre Véron.

Au sujet des deux dernières lignes qu'on

vient de lire, nous ajouterons : la preuve qu'il semble qu'une tête mûrie soit de rigueur à l'Odéon, c'est que le remplacement de M. Duquesnel fut décidé, il y a quelques mois chez M. Turquet, le sous-secrétaire d'Etat, M. Duquesnel, s'est donc vu refuser le renouvellement de son privilége de directeur de l'Odéon, et à la date du 1er septembre 1880, les rênes du char dramatique dénommé l'Odéon, incomberont aux mains d'un vétéran, ancien directeur de ce même théâtre. J'ai nommé M. de La Rounat (vulgo: Charles Rouvenat).

M. DUQUESNEL & SARAH BERNHARDT

De Chilly ne voulait pas entendre parler d'un engagement de Sarah Bernhardt à l'Odéon, malgré les pressantes recommandations de M. Emile Augier qui avait deviné en elle, la grande artiste qui s'est rendue universelle aujourd'hui.

Que fit alors M. Duquesnel pour acquérir Sarah Bernhardt sans pratiquer une saignée douloureuse à la bourse de son associé de Chilly? Il prit à son compte, les appointements de la future *Dona Sol*, qui devint ainsi pensionnaire de l'Odéon, émargeant à la cassette particulière du plus généreux de ses deux directeurs.

Ce n'est pas tout ; Sarah Bernhardt eut à soutenir pendant près de trois ans, certains procès, quelques-uns mystérieux, dit-on, dans lesquels, M. Duquesnel n'hésita pas non plus à faire acte de cette délicatesse et de cet esprit de gentilhomme, qu'il sait mettre au service des femmes.

CHARLES BRIDAULT

Ne voulait pas nous donner sa biographie. Nous la lui avons extirpée par autorité... d'ami, en lui promettant d'être d'un laconisme presque télégraphique.

Charles Bridault a satisfait, de son mieux, son ambition directoriale. Il a été d'abord directeur du théâtre de la Tour-d'Auvergne, puis du théâtre Déjazet, puis de la Re-Re-Tour-d'Auvergne. Entre temps, nous l'avons trouvé à la Gaîté, dans l'administration d'Offenbach, puis au Théâtre des Arts avec Hervé comme directeur.

Après le départ de son secrétaire général M. Georges Boyer, M. Duquesnel eut la chance de rencontrer Charles Bridault et l'excellente idée d'en faire son administrateur et secrétaire général. Aujourd'hui, Charles Bridault, l'*alter ego* fidèle et dévoué, se retire avec la direction qui démissionne.

Son remplaçant est déjà retenu par le

successeur de M. Duquesnel; c'est notre jeune confrère Alfred Bourgeat qui aura titre de secrétaire général auprès de M. de La Rounat.

Mais je ne vous ai pas fait connaître Charles Bridault, auteur dramatique, qui eut son heure de vogue, et je ne veux pas encourir le blâme d'un oubli aussi anticonfraternel.

L'intelligent, l'aimable, le spirituel secrétaire de l'Odéon, a signé au théâtre Cluny : *Point d'Angleterre,* comédie en 1 acte, avec Siraudin ; au Vaudeville : la *Recherche de l'inconnu,* avec Sylvain Mangeant. A Cluny : l'*Echappé de province,* vaudeville en trois actes; aux Folies-Nouvelles (devenues plus tard le théâtre Déjazet) : le *Petit Cendrillon* (deux cents représentations) au même théâtre : les *Artistes peints par eux-mêmes,* grande revue dans laquelle, Dupuis, aujourd'hui l'étoile des Variétés, fit ses débuts.

Le crâne de Charles Bridault et le crâne de Siraudin, vus d'un premier étage marchant côte à côte dans la rue, offrent la parfaite ressemblance de deux œufs d'autruche attachés l'un à l'autre par un cheveu.

BELLEVAUT

Régisseur général

Un enfant de la balle. A roulé sa bosse dans tous les mondes, voire même dans le *Nouveau*, en se faisant avec Léon Beauvallet, le compagnon de voyage de l'illustre Rachel, lorsque notre grande tragédienne alla charmer et séduire l'Amérique du Nord avec *Phèdre, Britannicus*, etc., etc. Bellevaut referait-il volontiers ce voyage, avec la tapageuse Sarah Bernhardt qui prétend, modestement, éclipser jusqu'au souvenir de Rachel, chez les Yankees de 1880? *That is the question.* Bellevaut, est-il besoin de le dire, a brillé sur la vedette de toutes les affiches de province, puis un beau jour la fièvre directoriale s'est emparée de lui comme de tant d'autres, et, Bellevaut ne pouvant diriger le Nouvel-Opéra, par exemple, se mit bravement à la tête du théâtre national de la Tour d'Auvergne, comme Charles Bridault et quelques centaines d'impresarii au petit pied, dont les noms meurtris figurent sur le martyrologe de cette pépinière de comédiens.

Bellevaut remplit les importantes fonctions de régisseur général de l'Odéon, avec tout le zèle et toute l'intelligence que M. Du_ quesnel était sûr de trouver en lui. Ajoutez aux qualités de l'homme, du comédien, et du régisseur, une bonne dose d'esprit et vous aurez, de Bellevaut un portrait ressemblant, mais non garanti par Nadar ou Pierre Petit.

TOUSÉ

Régisseur de la scène

Un comique naïf au nez effarouché, et dans lequel il peut pleuvoir... Tousé a joué les princes Cocambos, et autres dans les féeries du Châtelet et du théâtre du Château-d'Eau (ci-devant du Prince Impérial.) Ses services sont très précieux à l'Odéon, théâtre auquel il semble s'être voué pour toujours, et où il joue *administrativement,* les *riz-pain-sel* et à la scène, les deuxièmes comiques.

Artificier par vocation, il raffole de la pyrotechnie comme Edouard Philippe et votre serviteur, et s'intitule fièrement courtier en pétards de M. Honoré, l'artificier bien connu qui avait déjà eu Henri Roger de Beauvoir, comme représentant.

BASSUA

Contrôleur en chef

C'est un des rares contrôleurs goûtés du public. François Ier, ce monarque galant, eût été enchanté de voir avec quel empressement aimable M. Bassua fait placer les dames, — les belles surtout.

A l'avénement de M. Duquesnel, il n'était que second, mais le contrôleur en chef, étant devenu caissier du théâtre, c'est M. Bassua qui le remplaça, montant ainsi en grade, de plusieurs crans.

Malgré son nom, n'a heureusement jamais reçu un coup qui le *bossuât*.

POREL

C'est le Landrol de l'Odéon. Il joue dans toutes les pièces et peut dire que c'est sur la rive gauche qu'il a gagné tous ses grades, il y fut fait caporal en 1863. Il y jouait alors les bouts de rôles, comme une troisième sorcière et un soldat dans *Macbeth*. Voici du reste les titres de tous les ouvrages dans lesquels M. Porel est arrivé à imposer son nom et à le faire briller sur la vedette du succès : Les *Ouvriers de qualité;* les *Relais;*

les *Plumes de paon;* le *Second mouvement;* la *Tante Honorine; Molière à Pezenas;* la *Contagion*. Dans les reprises : Le *Fils de Molière;* le *Testament de César Girodot;* la *Vie de Bohême;* la *Petite Fadette;* le *Célibataire et l'homme marié;* dans le répertoire classique : Le *Médecin malgré lui;* le *Dépit amoureux;* le *Mariage forcé;* le *Malade imaginaire;* les *Femmes savantes; Georges Dandin;* l'*Avare;* le *Médecin volant, les Plaideurs;* le *Jeu de l'amour et du hasard;* l'*Epreuve nouvelle;* le *Voyage interrompu;* l'*Esprit de contradiction*. A cette époque, Porel n'était à l'Odéon, qu'en sous-ordre de Thiron qui faisait les délices de la rive gauche. Cet état de choses décida le jeune comédien à accepter un engagement au Gymnase, où il espérait trouver l'occasion manifeste de se placer au premier rang. Il débuta boulevard Bonne-Nouvelle, en 1867 dans les *Idées de madame Aubray*. Le rôle de Valmoreau, le cocodès aimable, lui valut d'être bien en cour auprès des auteurs de l'endroit pour créer des rôles analogues, et en deux ans seulement, quatorze créations lui échurent : La *Victoire d'Annibal; Albertine de Merris;* le *Roman d'une femme honnête; Miss Suzanne;* le *Comte Jacques; Comme elles sont toutes;* les *Grandes demoiselles; Fanny Lear;* le *Monde où l'on s'amuse;* le *Filleul de Pompignac;* les *Mensonges innocents;* les *Mousquetaires de Bougival;* dans les reprises : *Je* dîne chez ma mère; l'*Autographe;* le *Camp des bourgeoises.* La pièce en un acte : les *Mousquetaires de Bougival,* fut sa dernière création chez M. Montigny. Après la guerre et la Commune, ce fut à l'Odéon que Porel fit sa rentrée, le 11 octobre 1871 par les *Créanciers du bonheur,* et le même soir : *Jean-Marie,* drame en un acte, en vers. Le départ de Thiron engagé à la Comédie-Française le laissa sans rival. Aujourd'hui ce jeune premier rôle n'a plus qu'à attendre le jour prochain où la Comédie-Française lui dira : « Venez, nous avons ici une place pour vous. » Son masque fin et mobile convient parfaitement aux personnages du répertoire classique. Porel est un comédien instruit et érudit qui a de la verdeur, une fraîche gaieté et un talent de composition sincère. Dans le César de Bazan de *Ruy Blas,* il osa succéder à Mélingue et bien lui en prit. Son bon goût naturel l'empêche d'approcher même de la charge. Voici la nomenclature de ses créations à l'Odéon, depuis 1871 en plus des *Créanciers du bonheur* et de *Jean-Marie* déjà cités : *Un mauvais caractère;* la *Baronne; Mademoiselle Aïssé;* la *Crémaillère;* le *Fantôme rose;* les *Comédiens errants;* le *Docteur Molière;* le *Petit marquis;* le *Haschisch;* la *Jeunesse de Louis XIV;* la *Maîtresse légitime;* le *Docteur sans pareil* (1875).

Porel, de son vrai vilain nom *Parfouru,*

l'enfant gâté du théâtre. On ne saurait comprendre l'Odéon sans Porel, ni Porel ailleurs qu'à l'Odéon.

C'est le comédien-Protée, l'homme-orchestre, il joue tous ses rôles avec talent et avec esprit, et, ce qui est plus rare encore, avec bonne humeur.

Aimable à la ville, il est de relations charmantes; très bien élevé, il a d'autant plus de mérite à l'être qu'il s'est formé lui-même — son père était menuisier — il chante, joue du piano, dessine agréablement et ne tire pas les marrons du feu, c'est un malin, et dans la vie, préfère le rôle de Bertrand à celui de Raton.

MARAIS

Un des premiers *jeunes premiers* de Paris. Il fit un début remarquable, grâce aux excellentes études du Conservatoire dans la classe de Monrose. Au concours du 28 juillet 1874, en tragédie et en comédie, il révéla des qualités de premier ordre. Au concours de 1875, nouveaux progrès. Il remporta un deuxième prix de tragédie et un deuxième prix de comédie. Remarqué alors par M. Dumas fils qui travaillait aux *Danicheff*, il fut engagé à l'Odéon pour jouer dans cet ouvrage, mais c'est dans la tragédie qu'il se produisit pour la première fois, par le rôle d'Hippolyte, de *Phèdre,* dans une représentation en l'honneur du deux cent trente-sixième anniversaire de Racine.

Ce début passa pour ainsi dire inaperçu, mais le comte *Wladimir* Danicheff, que Marais créa le 6 janvier 1876 mit brillamment cet artiste en relief. Jeune, chaleureux, impétueux, il impressionna et subjugua vivement. La seconde création de Marais eut lieu le 2 février 1879 dans l'*Hetman* de M. Paul Deroulède, dans le rôle de Stenko. Puis à son intention, M. Duquesnel, remonta *Britannicus* et *Iphigénie en Aulide.* Marais joua Britannicus et Achille avec Marie Laurent. Ces deux tragédies révélèrent en Marais, l'étoffe d'un premier sujet. Dans une reprise de *Mauprat,* il contribua avec une ardeur juvénile et une fougue impétueuse, au regain de succès de l'ouvrage.

Il a joué les *Danicheff* en province avec la troupe de l'Odéon, et au mois de septembre 1876 a épousé sa charmante camarade, Hélène Petit qui avait joué plus de deux cents fois à côté de lui le rôle d'Anna Iwanowa des *Danicheff*.

FRANÇOIS

Un rôle de genre dans le présent, un financier dans l'avenir, quand il lui aura poussé du ventre comme à Montbars. Lorsque le directeur de l'Odéon remonta la *Vie de Bohême,* il avait distribué le rôle de Baptiste à François, à la grande colère de Théodore Barrière.

— Comprenez-vous, disait-il, on a donné le rôle de Baptiste à un figurant!

— François, qu'est-ce que c'est que ce François? Est-ce que c'est un nom d'acteur, ça, François?

— Au contraire, ripostait M. Duquesnel, François est un nom excellent, c'est un nom simple. Autrefois il y a eu Baptiste...

— M. Baptiste, c'est bien différent, je ferais jouer très volontiers François par Baptiste, mais jamais Baptiste par François.

On sait l'immense succès de la reprise de la *Vie de Bohême* qui eut cent trente représentations consécutives. A la première, le pauvre François fut très médiocre, et puis, il faut le dire, la tâche était ingrate; succéder à Kopp dans son meilleur rôle, ce n'était pas facile. Mais, peu à peu, il s'habitua au personnage et arriva à le jouer d'une façon charmante et très naïvement spirituelle.

Barrière revint à la vingtième représentation, il était radieux, sa pièce faisait le maximum de recette.

— Dis donc, fit-il au directeur de l'Odéon, sais-tu que notre pièce est rudement bien montée, quel effet, ils sont tous excellents; il y a surtout un garçon qui joue Baptiste, il est parfait, très naïf, très amusant... Comment l'appelles-tu donc?

— François, tu sais bien, c'est celui...

— Il est vraiment très bien, et puis c'est une très bonne idée d'avoir pris ce nom de François, c'est un excellent nom de théâtre, c'est simple, cela se retient facilement.

CLERH

C'est l'acteur par excellence pour jouer les Oronte. Personne ne se glisse mieux que lui dans la peau du *Malade imaginaire* et de *Monsieur de Pourceaugnac*. Un jour, Clerh s'est amusé à compter les coups qu'il avait reçus... quelque part sur la scène de l'Odéon, et il est arrivé à ce chiffre effrayant pour le bas d'une échine humaine : 19,897 *coups de pied!!!*

Ce n'est pas tout; Clerh a résumé, également, le nombre de lavements que les seringues de Molière lui ont infligés, et il l'a noté ainsi dans ses archives : *Purges classiques* : 1,500!!! Clerh finira ses jours et... ses soirées à l'Odéon, car directeurs présents et à venir ne pourraient pas plus se passer de ses services que du vieux répertoire lui-même avec lequel cet excellent artiste fait corps et âme on peut le dire.

Joue assez rarement dans le répertoire moderne, son rêve est encore d'y créer un clerc de notaire ou d'avoué, pour qu'on puisse lire sur l'affiche : « *Un clerc, Clerh.* »

On n'est pas moins ambitieux... c'est *clair!*

VALBEL

Encore un avocat, fils d'un juge de paix de l'arrondissement de Soissons, a été clerc de notaire avant d'être comédien. Joli garçon, froid et distingué, une manière de Bressant, ou même encore de Dupuis, car il a des notes comiques.

Les dames lui jettent des regards langoureux, mais comme il est myope comme Sarcey, il ne s'en aperçoit pas.

PUJOL

Pour sa biographie plus détaillée, consulter le volume des *Foyers et Coulisses :* (Théâtre du Gymnase).

A l'Odéon, M. Pujol n'a laissé que le souvenir de trois créations représentées par trois pièces dénuées d'un intérêt mémorable.

Il a joué dans la *Mort civile;* dans le *Marquis de Kénilis* et dans *Voltaire chez Houdon.*

AMAURY

Joue les amoureux du répertoire classique et moderne, à la plus grande satisfaction des spectateurs de l'Odéon.

Dans la reprise du *Voyage de M. Perrichon*, il brigua la main de la fille de ce brave homme, concurremment avec son rival Porel. Aimer dans toutes les pièces, voilà sa spécialité.

Ajoutons que M. Amaury a le physique de l'emploi, qui l'a fait surnommer le Delaunay de la rive gauche. Nous ne lui souhaitons pour tout mal que de valoir le Delaunay de la rive droite.

FRÉVILLE

A débuté à l'Odéon sous la direction Bocage. A fait partie de toutes les tournées artistiques avec les troupes successives de ce théâtre national.

C'est donc un des piliers de la seconde maison de Molière et un de ses plus dévoués. Fréville s'est rendu indispensable dans les rôles à manteaux, et dans les types-caricatures pour lesquels le sert au mieux, le masque que lui a confectionné la nature.

Rappelons quelques-unes de ses créations notoires : Couperie, dans la *Maitresse légitime;* le vieux monsieur, de la *Vie de Bohême;* Bobiloise, dans le *Mariage de Figaro;* l'apothicaire bègue, de *Monsieur de Pourceaugnac;* l'ambassadeur de Saxe, du *Diplomate* (rôle qui fut créé par Klein au Gymnase).

En résumé : un comédien précieux, modeste, honnête, qui s'est voué à l'art de la déclamation classique et moderne, pour le plus grand amusement de ses contemporains.

Encore un éloge mérité pour finir : la librairie Tresse vient de mettre en vente un volume que ne manqueront pas d'acheter tous nos Talma et toutes nos Rachel en herbe: *Le nouveau traité de récitation et de prononciation, par M. Fréville.*

REBEL

« Elle ne se contente pas d'être belle, elle est rebelle!!!... » s'exclamait un personnage à calembours dan sune pièce de M. de Jallais.

Ce n'est pas le cas de l'artiste qui nous occupe, attendu qu'il est REBEL... au masculin. Toujours les mêmes états de service : Sorti du Conservatoire ; élève de Régnier. Tournées provinciales avec mademoiselle Agar, pour jouer les rôles de tragédie et de comédie. Rentré depuis quatre ans sous la toiture de l'Odéon. Créations principales : La *Vie de Bohême;* les *Danicheff* (Osipp); *François le Champi;* le *Marquis de Kénilis* et les *Noces d'Attila.*

Un artiste plein d'avenir.

CRESSONNOIS (Jules Lucien.)

Fils du chef d'orchestre de ce nom, après s'être engagé au Théâtre-Montmartre, sort du Conservatoire (classe Régnier) avec un premier accessit de comédie. Débuta avec succès, en 1878, à l'Odéon dans la *Partie de chasse de Henri IV.* Obligé par suite de maladie, de s'éloigner momentanément de la scène, nous ne l'y voyons reparaître qu'en avril 1879, au Théâtre des Nations dans *Camille Desmoulins,* puis dans les *Gros bonnets* de *Krœwinckel.* Il est particulièrement remarqué dans cette dernière pièce et rentre définitivement à l'Odéon où il partage avec Porel les comiques du répertoire. Ce jeune comédien est aussi un poëte de talent ; il a fait paraître dernièrement en collaboration avec son camarade

Truffier, de la Comédie-Française, un volume de vers, *Trilles galants*, dont Th. de Banville a écrit la préface.

FOUCAULT

Etait à Bordeaux il y a deux ans, il se trouva engagé dans la troupe voyageuse de l'Odéon, et devint régisseur de cette troupe, dont feu Bondois était administrateur.

Une année après, seulement, l'Odéon le compta au nombre de ses pensionnaires avec le titre de grande utilité.

M. Foucault a succédé un moment, à M. Porel dans le *Voyage de M. Perrichon* à la fructueuse reprise à l'Odéon. Ce rôle par remplacement est resté la plus belle plume de son aile. Au physique : une figure à laquelle on ne peut pas donner son âge.

ERNEST

Chef des comparses.

Ses mots passeront à la postérité.

Sous l'Empire, la troupe de l'Odéon était allée jouer la *Conjuration d'Amboise* au château de Compiègne, et l'on avait emmené pour la circonstance, une certaine quantité de comparses.

La représentation terminée, voici qu'au moment où les artistes et les comparses se r'habillaient pour partir, Ernest s'aperçoit qu'on lui a volé ses bas. Il entre aussitôt en fureur, et réunissant ses hommes, il leur crie d'une voix terrible :

— Qui a pris mes bas? Silence complet. Personne ne répond.

Comment, on vous amène chez l'Empereur, dans une maison honnête et c'est comme ça que vous vous comportez. Ah! bien, voulez-vous savoir mon opinion? Vous n'êtes que des mannequins qu'a pas l'habitude d'aller dans le monde.

C'est encore Ernest qui criait aux seigneurs trop turbulents de la *Jeunesse de Louis XIV :* « Hé! là-bas, vous autres, les seigneurs, si vous ne fermez pas votre boîte, j'vas vous éteindre! »

Mᵉ ELISE PICARD

Cette excellente duègne si remarquable dans le *Testament de César Girodot* et dans les *Danicheff*, c'est madame Picard qui préfère les vieilles filles aux ingénues.

On s'étonne que cette excellente comédienne ne soit pas encore à la Comédie-

Française. Cela tient peut-être à ce que l'artiste est modeste et a horreur de tout ce qui ressemble à l'intrigue. Elise Picard est née à Paris. Son père était artiste-peintre et sa mère appartenait à une famille de négociants très bien posés à Rouen. Son grand-oncle fut un illustre auteur dramatique : Le *Picard*, de la *Petite ville*, des *Ricochets*, du *Collatéral*, etc., etc. Toute jeune, Elise Picard avait déjà un goût très prononcé pour le théâtre, en dépit des sévérités et des menaces maternelles, car madame Picard aurait cru sa fille damnée, si elle l'avait vu mettre les pieds sur les planches; mais M. Picard partit un matin pour chercher fortune en Californie et il n'en revint jamais. Elise Picard resta donc seule avec sa mère, qui n'eut rien de plus pressé que de lui faire manquer le Conservatoire où elle allait pouvoir être admise à l'âge de quatorze ans. Un an après, en 1849 la petite Elise faisait un coup de tête et s'engageait dans une troupe nomade, suivant les conseils d'une jeune femme qui habitait la même maison qu'elle et dont le mari était chef d'orchestre dans ladite expédition.

Elle revint à Paris, en 1854, après avoir joué une quantité de rôles dans nombre de villes de France, puis en Espagne et en Portugal. Elle joua comme tous les jeunes artistes, au théâtre national de la Tour d'Auvergne, ensuite elle reprit le chemin de la province, se maria en 1856, puis revint à Paris où elle suivit les cours de madame Plessy à la salle Beethowen. Les leçons de la grande artiste profitèrent on ne peut mieux à son intelligente élève qui se vit engagée à l'Odéon, en 1858, pour y tenir l'emploi des soubrettes dans le répertoire classique. L'année suivante, elle faisait, dans le *Testament de César Girodot*, cette belle création qui a survécu, même pendant son absence du théâtre; mais dès lors elle ne fut plus oubliée dans la distribution des beaux rôles. Elle prouva son aptitude à poser un personnage, à peindre un caractère dans : les *Mères terribles*, *Madame Aubert*, les *Indifférents*.

Des intrigues de coulisses, amenèrent à l'Odéon madame Lambquin, à qui on sacrifia madame Picard. Ces deux talents n'avaient rien de commun, mais le coup n'en était pas moins porté. Madame Picard se retira et attendit chez elle qu'on vînt la chercher. Deux ans plus tard seulement, elle contracta un engagement au théâtre du Château-d'Eau pour y créer un rôle de belle-mère dans la *Belle affaire,* une comédie assez réussie de M. Edouard Cadol.

Le succès d'Elise Picard y fut grand et la presse entière le constata, en exprimant le regret qu'on laissât jouer, en dehors des théâtres de premier ordre, une artiste aussi distinguée. En février 1872, nous retrouvons madame Picard à l'Ambigu, dans la *Vagabonde* sous les traits d'une vieille femme octogénaire; elle y joua ce rôle tant soit peu sacrifié, avec autant de talent que ses meilleurs. Trois années après, elle interprétait au même Ambigu le rôle hideux de la Valbray, dans la *Vénus de Gordes*. Par son autorité et son savoir, elle sut imposer un personnage qui pouvait faire sombrer la pièce. Enfin, en 1875, Alexandre Dumas vint la venger de la longue indifférence des directeurs de théâtre. Au lieu et place de mesdames Périga et Méa dont il avait été question un moment pour les *Danicheff*, M. Duquesnel fit mander madame Picard. Vous savez le reste, vous savez avec quel art exquis elle a composé le rôle de la comtesse des *Danicheff*, cette femme de haute race, entichée de ses titres et partisante endurcie de l'esclavage. Après cette création, il était à penser que la Comédie-Française ouvrirait ses portes à Elise Picard; mais non, notre premier théâtre n'a pas cru l'heure venue encore de faire cette précieuse acquisition.

HÉLÈNE PETIT

Cette charmante artiste qui a fait ses premières armes à l'étranger, a conquis une des premières places comme *jeune première* dans le rôle d'Anna, des *Danicheff*, à l'Odéon. Hélène-Rose-Augustine Petit est née à Paris-Montmartre le 6 janvier 1852. On lui crut d'abord une vocation bien arrêtée pour le couvent, car on la voyait souvent plongée en extase, sans soupçonner que sa pensée n'avait qu'un but : le théâtre où ses deux sœurs aînées étaient déjà entrées et obtenaient quelques succès. A douze ans, elle figurait au théâtre Montmartre dans les pièces comportant des rôles d'enfants. Peu après, on lui confia le rôle d'un petit page dans *Gabrielle*. Elle n'y avait que cette phrase à dire : « Monsieur le comte de Brissac, gouverneur de Paris. » Marc Fournier, directeur de la Porte-Saint-Martin, la remarqua et lui fit signer un engagement de quatre ans à son théâtre. Hélène Petit débuta dans une reprise de *Richard III*. Sa timidité excessive, surtout en présence de son directeur et des auteurs, paralysa sans doute ses moyens, car on lui retira ce rôle après quelques représentations. Elle en éprouva un très vif chagrin, si violent même qu'elle tenta de s'empoisonner avec des allumettes. Heureusement, elle survécut à cette tentative de suicide. Le théâtre de la Porte-Saint-Martin, où elle resta, néanmoins, ne la rétribuant que médiocrement et l'utilisant fort peu, elle demanda à Marc Fournier l'autorisation de jouer à Montmartre pendant ses soirées libres, pour y prendre de l'aplomb et se mettre au courant des jeunes premières et des ingénuités. La Porte-Saint-Martin, remontant le *Bossu*, c'est à Hélène Petit qu'incomba le rôle de Blanche qu'elle dut apprendre au pied levé. Elle n'avait alors que seize ans, et son grand succès dans ce rôle allait peut-être assurer sa carrière, lorsque Marc Fournier fut mis en faillite. Hélène Petit, dont l'engagement avait encore deux ans à courir, se trouva sans position, et se vit forcée, pour subvenir aux besoins de sa famille, d'accepter un engagement pour Lisbonne. Les trois mois qu'elle passa en Portugal lui valurent triomphes sur triomphes. Son départ de Lisbonne fut un deuil pour les abonnés du théâtre du Trindade. La reine lui envoya un bracelet orné d'une étoile formée de ving diamants et de seize rubis. Quant aux couronnes elles furent sans nombre. De retour à Paris, Hélène Petit s'adressa au Gymnase, mais M. Montigny la trouva trop modeste et refusa de l'engager. Désolée, mais non découragée, notre jeune comédienne dût partir encore à l'étranger qui lui faisait des offres séduisantes. Elle joua, au théâtre Schanspelchausen, à Berlin, en janvier 1870, dans la *Marquise de Senneterre*, puis elle partit en Egypte, en 1871, liée par un engagement de six mois. A Alexandrie, elle produisit une véritable fascination sur le public, dans *Frou-Frou* et dans la *Dame aux camélias*. A son retour du Caire, elle dut rentrer à la Porte-Saint-Martin dont les artistes s'étaient érigés en société, mais l'affaire était véreuse et Hélène Petit s'abstint de signer. C'est alors que M. Delvil, directeur du théâtre des Galeries Saint-Hubert à Bruxelles, lui proposa un engagement de deux ans, qu'elle accepta et qu'elle remplit glorieusement. En 1872, M. Duquesnel la fit demander à l'Odéon pour une reprise de la *Vie de Bohême*, mais son engagement n'étant pas expiré, elle ne put accepter cette bonne fortune qui échut alors à madame Emilie Broisat. Ce ne fut que le 14 juillet 1873 qu'Hélène Petit débuta à l'Odéon dans la *Cendrillon* de Barrière. C'était la Cendrillon idéale, la Cendrillon rêvée, et la Presse tout entière l'acclama comme un talent sérieux. En mars 1874, mademoiselle Hélène Petit fit une création importante dans la *Jeunesse de Louis XIV*, rôle de Marie de Mancini, et reprit à la réouverture de l'Odéon, le rôle d'Henriette d'Angleterre dans le même ouvrage. Elle apparut dans les *Trois larrons*, puis dans la reprise de la *Maîtresse légitime*. Partout elle fut remarquée, quoique ces rôles ne répondissent pas complétement à la nature et à l'importance de son talent. Après une tournée en province et une campagne à Londres, Hélène Petit rentra à l'Odéon pour y créer Anna des *Danicheff*. L'émotion, la grâce, l'énergie, l'élégance avec lesquelles elle composa ce rôle, lui valurent un triomphe des plus mérités. Un détail qui a bien son importance. A la suite de son succès dans les *Danicheff*, Hélène Petit reçut de la Russie les propositions les plus flatteuses et les plus rémunératrices, 40,000 francs par an d'appointements lui furent offerts pour remplacer mademoiselle Delaporte au Théâtre-Michel.

ANTONINE

Elle débuta, jeune fille encore sur la scène du Gymnase où brillaient déjà Marie Delaporte, Victoria, Léonide Leblanc et Céline Montaland. Enfant, elle avait déjà affronté le feu de la rampe, mais ce n'est qu'à partir de 1860 qu'elle se fit connaître, dans les ingénues, sur le théâtre de M. Montigny. C'est elle qui, dans *Risette*, d'Edmond About, lançait avec tant de verve et de gaîté le refrain devenu populaire, de cette pièce. Mais que cette création est loin! Après le Gymnase, le Vaudeville et l'Odéon.

Voici, d'après *Paris-Portrait*, les dates exactes des créations d'Antonine.

Marthe, des *Pattes de mouche*, au Gymnase, le 16 mai 1860.

Emma, du *Capitaine Bitterlin*, même théâtre, 27 octobre 1860.

Laure, du *Sacrifice d'Iphigénie*, même théâtre, 14 février 1861.

Francine, de la *Vertu de Célimène*, même théâtre, comédie en cinq actes de Meilhac le 1ᵉʳ mai 1861, où elle était adorable dans un petit rôle de soubrette. Eulalie dans l'*Argent fait peur*, même théâtre, le 8 septembre 1861.

Sara, dans la *Perle noire*, de Sardou, même théâtre, le 12 avril 1862.

Fernande, dans les *Illusions de l'amour* et Céline, dans le *Premier pas*, le 15 mai 1862. Madame de Fauvières, dans les *Maris à système*, le 15 juillet 1862; Emmeline, dans les *Faux Bonshommes*, alors que cette pièce passa du vaudeville au répertoire du Gymnase; dans Arthur, de la *Dame aux camélias;* dans le *Paratonnerre;* l'*Autographe;* dans Hortense, du *Canotier*. Dans Sophie Arnoud de : *Je dine chez ma mère;* dans Marie, de *Malvina;* Christine, du *Roman d'un jeune homme pauvre* ; Anita, de l'*Etourneau*, toutes pièces où elle luttait de succès avec deux autres étoiles qui s'élevaient aussi à l'horizon, Blanche Pierson et Céline Chaumont.

De 1863 à 1865, nous perdons de vue Antonine pour la retrouver en 1866, 1867 et 1868 à l'Odéon. Elle y débute dans le *Maître de la maison;* elle crée ensuite Claire, dans les *Deux jeunesses* et Lucie, dans *Didier*. Mais ses triomphes s'appellent le *Marquis de Villemer* et les *Beaux messieurs de Bois Doré*.

Son répertoire classique fut également brillant. Henriette, des *Femmes savantes*, Rosine, du *Barbier de Séville*, ses rôles favoris prouvèrent que son talent avait autant d'ampleur que de charme.

En 1868, nous retrouvons Antonine au Gymnase où elle créa Yvonne, de *Séraphine*. Elle crée ensuite Cléantis, dans la *Matrone d'Ephèse*, et Fernande, de *Fernande*. Elle se trouva placée dès lors au faîte d'une haute situation. Après la guerre et la Commune, elle prit un engagement de trois années au Vaudeville, pour l'emploi des jeunes premières. Elle débuta dans le *Roman d'un jeune homme pauvre*, où elle déploya une passion ardente et une intelligence extrêmement dramatique. Enfin, qui ne se la rappelle dans : Eva, de *Rabagas*; Raoul, du *Péché véniel*, où elle était si gracieuse en travesti; Maria Bosani, dans *Ange Bosani*; Juliette, de la *Chambre bleue*. En 1874, retour d'Antonine à son cher Odéon, et elle y est restée jusqu'à ce jour. Nous la voyons encore sous l'éblouissant pourpoint chamarré d'argent du duc d'Anjou, dans la *Jeunesse de Louis XIV*. Nous n'avons pu l'oublier non plus dans le *Docteur sans pareil* sous le travesti de Jean-Baptiste Poquelin se sauvant tout enfant de la maison paternelle avec Madeleine Béjart. En 1876, elle crée la princesse Lydia, des *Danicheff*; après une reprise de *Mauprat*, rôle d'Edmée, elle joue Mickla, de l'*Hetman*, et puis miss Diana, de *Blackson, père et fils*.

Madame JULLIEN

A joué d'abord la comédie dans le monde Encouragée par les conseils d'Alexandre Dumas fils, elle entra au Conservatoire en 1877, à l'âge de vingt-huit ans. Elève de Bressant, elle concourut dans *Bajazet* et obtint un second prix. Le concours de comédie lui valut un premier accessit. Son titre de lauréat du Conservatoire lui ouvrait d'emblée nos scènes subventionnées. Madame Jullien n'hésita pas à faire route pour l'Odéon lointain où Alexandre Dumas lui proposait une création dans le *Joseph Balsamo* de Dumas père, et le lundi 18 mars, madame Jullien jouait le rôle d'André de Taverney dans cet ouvrage de longue haleine. Dans la scène de somnambulisme, à l'avant-dernier tableau, elle fit preuve de beaucoup de sensibilité ainsi que dans le tableau final où elle se montra magnifique de mépris et de colère. *Joseph Balsamo* ne tint, malheureusement, que deux mois l'affiche. Le 31 janvier 1879, MM. Henri Meilhac et V. Cherbuliez donnèrent la première représentation d'une grande comédie *Samuel Brohl*, qui eut un sort encore moins heureux et, encore moins long que *Joseph Balsamo*.

Néanmoins madame Jullien sut se faire applaudir et rappeler dans une fort belle scène du quatrième acte de *Samuel Brohl*. Une troisième création à l'Odéon, Berthe, du *Marquis de Kénilis*, échut à madame Jullien, mais cette comédie en vers de M. Charles Lomon, ne tint pas plus l'affiche que la précédente. C'était du guignon; mais malgré ses tentatives déplorables pour les auteurs, le talent de la comédienne s'était acquis une maturité nécessaire, et nous espérons que la direction de l'Odéon fera interpréter à madame Jullien quelques-unes des belles figures antiques créées par Corneille et Racine.

Mademoiselle SAMARY

A le grand mérite d'être la sœur de sa sœur qui, comme vous le savez, joue avec beaucoup de talent, à la Comédie-Française et y rit toujours. Ih!... ih!... ih!... ihi!...

La Samary de l'Odéon est capricieuse et ses créations sont plus faciles à compter que les grains de sable de la mer. Quand un rôle ne lui plaît pas, mademoiselle Samary tombe soudainement malade... vous comprenez... C'est une maladie *subite* qui l'a empêchée de jouer le rôle de la prêtresse dans *Attila*.

Avis aux enfants : Bonne mère de famille.

Mademoiselle KOLB

Joli petit minois.
Petite soubrette pleine d'entrain et de bonne humeur. Elle est excellente dans le répertoire de Molière.
Inutile, par conséquent, d'ajouter qu'elle dit fort bien les vers, et que c'est un prix du Conservatoire.

Mademoiselle SISOS

Pour celle-ci je ne me *couperai* pas davantage.
Prix du Conservatoire. Joue l'ancien répertoire, mais se fait applaudir aussi dans le nouveau. Elle s'est montrée soubrette charmante dans un petit acte représenté déjà un nombre incalculable de fois et intitulé, je crois, *Marton et Frontin*. Elle a fait une création dans *Monsieur Chéribois* et a repris le rôle de la demoiselle dans le *Voyage de M. Perrichon*.
Mademoiselle Sisos est très avenante et très gaie. Les grelots de l'opérette l'empêchent de se tenir tranquille sur les planches de l'Odéon. Elle voudrait se lancer sur la route immorale de l'Opéra-bouffe, et à cet effet, l'impresario Cantin lui fait donner des

leçons. Pas difficile, Cantin, quand il dit :
— Des *Sizos* pareils, j'en voudrais douze paires.

Madame CROSNIER

Joue les rôles de mères comiques et ne manque pas de talent dans cet emploi. Madame Crosnier a remplacé Elise Picard, dans les *Danicheff*, et le *Voyage de M. Perrichon*.

Sa dernière création a été le *Trésor*, de François Coppée.

Mademoiselle CARON

Aucune parenté avec le canotier des... enfers. Cette ingénue sort du Conservatoire. Nous serons heureux si elle nous donne l'occasion de reparler d'elle plus longuement.

Madame CHÉRON

Une bonne utilité pour le répertoire classique.

Madame Chéron joue les suivantes de tragédie et les soubrettes de Molière.

C'est une artiste et une physionomie,

Madame DUFRESNE

Ne joue pas souvent. Nous n'avons eu que deux occasions de la remarquer : dans *François le Champi,* où elle jouait la malade, et dans *Joseph Balsamo,* où elle jouait une des princesses. C'est, au physique, une jolie femme que la comédie du mariage devait séduire aussi, car elle a épousé, il y a un an, son camarade M. Valbel.

MARIE BERGÉ

Encore une gentille fleur de la pépinière dramatique du faubourg Poissonnière. Remarquez qu'elle ne m'en voudra pas de la comparer à une fleur, car elle est fille de fleuristes.

A l'Odéon elle joue les ingénues avec un certain talent, dans le classique comme dans le moderne.

L'heure du berger sonnera pour elle avec un mari.

M. DE LA ROUNAT (Charles)

Qui a succédé officiellement à M. Duquesnel le 1er septembre 1880, fut, comme nous l'avons déjà dit, directeur de l'Odéon pendant dix ans, de 1856 à 1866. Son administration s'y manifesta assez heureusement pour l'art dramatique car il fit jouer, en ces dix années, 430 pièces formant 1358 actes, à savoir : 102 ouvrages nouveaux, 60 reprises modernes, 268 pièces du vieux répertoire et permit à 140 artistes de débuter sur la scène du second Théâtre-Français. M. de la Rounat produisit ainsi, et c'est là sa gloire, les œuvres de cent auteurs vivants, dont cinquante étaient auteurs débutants. On dit qu'il en sera de même sous son nouveau sceptre directorial, en 1880. « Place aux jeunes, » telle est sa devise, nous assure-t-on, tant mieux. Voici les titres des ouvrages auxquels se sont attachés les noms des jeunes d'alors et dont une grande partie est restée au répertoire :

Le *Médecin de l'âme, Madame de Montarcy, France de Simiers, André Gérard,* la *Réclame,* les *Gens de théâtre,* le *Tasse à Sorrente,* le *Nord et le Midi,* le *Cousin du roi, Louise Miller,* le *Rocher de Sisyphe,* la *Jeunesse,* l'*Ecole des ménages, Christine, roi de Suède,* le *Perroquet gris,* le *Bonheur chez soi,* une *Femme heureuse,* le *Marchand malgré lui, Maître Wolf,* la *Mouche du coche, Frontin malade,* la *Vénus de Milo, Ce que fille veut, Hélène Peyron,* la *Saint-Hubert,* les *Grands vassaux, A deux de jeu,* le *Droit chemin,* le *Poëme de Claude,* l'*Usurier de village, Selma,* un *Portrait de maître, Noblesse oblige,* le

Testament de Girodot, une *Fille de Voltaire*, le *Passé d'une femme*, les *Equipées de Stenio*, la *Fête de Molière*, un *Parvenu*, *Daniel Lambert*, les *Profits du jaloux*, une *Veuve inconsolable*, *Béatrix* (madame Ristori), *Jaloux du passé*, le *Parasite*, le *Mariage d'amour*, les *Vertueux de province*, la *Vengeance du mari*, l'*Epreuve après la lettre*, l'*Oncle Million*, les *Frelons*, une *Fête de Néron*, le *Portrait d'une jolie femme*, le *Décaméron*, l'*Institutrice*, le *Revers de la médaille*, les *Vacances du docteur*, les *Parents terribles*, le *Mur mitoyen*, *Gaëtana*, *Vente au profit des pauvres*, le *Comte de Boursoufle*, la *Jeunesse de Grammont*, la *Dernière idole*, *Diane de Valneuil*, les *Deux lièvres*, les *Parisiens*, le *Paradis trouvé*, le *Marquis Harpagon*, le *Mariage de Vadé*, le *Doyen de Saint-Patrick*, l'*Ami du mari*, *Niobé*, *Misanthropie et Repentir*, la *Fille de Molière*, *Macbeth*, la *Fille de Dancourt*, les *Ouvrières de qualité*, *Diane au bois*, les *Indifférents*, *Electre*, les *Relais*, une *Journée à Dresde*, le *Marquis de Villemer*, les *Plumes du paon*, une *Défaite avant la victoire*, les *Mères terribles*, l'*Oncle Sommerville*, *Madame Aubert*, *Pierrot héritier*, le *Parasite*, *Carmosine*, la *Tante Honorine*, *A la Jeunesse* (prologue de Th. de Banville), *Molière à Pézénas*, la *Contagion*.

Le nouveau directeur de l'Odéon est un lettré et un fin critique des œuvres de théâtre; il a, du reste, dans ses Causeries dramatiques du lundi au XIXᵉ siècle, prouvé sa connaissance en pareille matière. Car, dans l'espace de cinq ans, de 1849 à 1855, il fit seul ou en collaboration avec Montjoie et Siraudin de nombreux vaudevilles qui eurent du succès.

On peut citer de lui : Les *Associés* (1849); la *Mariée de Poissy* (1850); le *Malheureux heureux*; *Une bonne qu'on renvoie*; le *Loup et le chien* (1851); *Un homme entre deux airs*; *Pulvriska et Leontino* (1853); la *Pile de Volta* (1854); *Une Panthère de Java* (1855); les *Vainqueurs de Lodi*, et enfin un roman : La *Comédie de l'amour*. Il fut fait chevalier de la Légion d'honneur en 1863.

Un détail biographique et qui a son importance à notre époque. M. de la Rounat, entraîné par le mouvement politique en 1848, fut secrétaire de la commission du Luxembourg, mais bientôt désillusionné, il redevenait homme de lettres et laissait ainsi à d'autres le soin de... débrouiller les affaires de l'Etat pour se vouer exclusivement au théâtre, ce qui nous permet aujourd'hui de saluer l'auteur-directeur du second Théâtre-Français dont

LA NOUVELLE TROUPE

est composée actuellement, outre ceux précédemment nommés de :

MM. CHELLES

Qui a passé par la Comédie-Française, puis la Province, puis les tournées de mademoiselle Agar, enfin les matinées Ballande. Il part pour la Russie, y reste trois ans, le succès l'accompagne et aussitôt de retour, débute cette année dans le *Tartufe*.

CLÉMENT JUST

Dont l'engagement est tout spécial à l'Odéon pour créer dans les *Parents d'Alice* le rôle du docteur et reprendre le lourd héritage de Geffroy dans le rôle de Marat (*Charlotte Corday*). Trop connu par ses succès pour insister sur les qualités éminentes de cet artiste.

ALBERT LAMBERT

Une vocation !... pas de Conservatoire... sachant tous ses classiques... de naissance. Toujours occupé de courir dix lièvres... en attrape quelques-uns... Statuaire, poète, comédien, né à Rouen, comme Bocage sur les pas duquel il veut marcher. Vient de créer Maxime de Chatenay dans les *Parents d'Alice*. A réussi du premier coup.

ESQUIER (Paul)

A commencé à Paris par le Gymnase, a créé quelques rôles, puis a quitté Paris pour les lauriers de Province. Revenu à Paris, se fait remarquer à Cluny dans l'*Idole* et est engagé de suite par de la Rounat.

Madame GRIVOT

Du talent dans tous les genres... Du plaisant au sévère... Des Bouffes à l'Odéon.

Mademoiselle MALVAU

Elève du Conservatoire, classe de Got, deuxième prix de tragédie. Débute dans les *Parents d'Alice* avec bonheur. Brune, jolie... (air connu).

ALICE CHÊNE

Une Elmire adorable, un jeune portrait du vieux temps; a fait, en Province et avec succès une tournée avec *Dora*. A pris un instant le rôle de Virginie de l'*Assommoir*, à l'Ambigu.

NELLY DELWART

Grande, belle, bon organe, une tragédienne adoucie. Bonne recrue pour le répertoire.

Mademoiselle DEVOYOD

Est une grande et belle personne dont le front semble fait pour porter le diadème antique. Sortie du Conservatoire en 1857 avec le premier prix de tragédie, elle fit sa première apparition à l'Odéon et y resta jusqu'en 1859, époque à laquelle elle passa de la rive gauche à la rive droite pour reprendre quelques-uns des grands rôles de Rachel : *Phèdre*, Agrippine de *Britannicus*, Emilie de *Cinna*, Camille d'*Horace*, *Esther*; Hermione, Josabeth d'*Athalie*, *Rodogune*, Elisabeth des *Enfants d'Edouard*. Mademoiselle Devoyod a abordé fort rarement le domaine de la comédie. Nous l'avons vue dans *Fiamina*, et dans le rôle d'Angélique, des *Mères confidentes*.

Après son départ de la Comédie-Française, a fait quelques tournées en Province avec la *Femme de Claude*, *Marion Delorme*, *Charlotte Corday* et quelques ouvrages du répertoire classique. Rentrée à l'Odéon en 1880, a créé la marquise de Chatenay dans les *Parents d'Alice* et repris Agrippine de *Britannicus* et a joué hier *Phèdre*, avec succès. Le dernier rempart de la tradition classique, et si elle a un cœur pour la chérir elle a un rude bras pour la défendre!

ADMINISTRATION

GODFRIN

C'est un excellent administrateur-général; il a joué à l'Odéon et au Gymnase, et a entrepris considérablement de tournées en province.

COURDIER

Régisseur

Un homme d'esprit, à figure morose, un cercueil dont on ferait un mirliton.
Signe très particulier : M. Courdier est le dernier des *Vidames*. Il s'appelle Courdier de Sagy vidame de Labargement.

REY

Metteur en scène

Un maître. Ayant connu les grands, tempérament nerveux, ardent, entraînant malgré son âge. Aime le répertoire et le sait dans ses plus petits recoins. Deviendra professeur au Conservatoire, et ce sera justice.

CASLAUT

Inspecteur général

A fait tomber quelques touffes de cheveux à Halanzier... autrefois directeur de l'Opéra.

BOURGEAT

Secrétaire général

Un jeune journaliste de talent, dont nous avons déjà dit beaucoup de bien.

RÉOUVERTURE

(15 septembre 1880)

Après plusieurs remises successives, l'Odéon ouvrit enfin ses portes le 15 septembre avec un spectacle composé d'un prologue en vers de Théodore de Banville ayant pour titre le *Messager*.

Les *Parents d'Alice*, de M. Garaud, auteur âgé et sympathique, remarquable par un crâne d'une blancheur à faire pâlir celui de Siraudin, et la *Peau de l'Archonte* tiennent encore l'affiche et ces pièces sont trop récentes pour que nous entrions dans le domaine de la critique.

Enfin le répertoire courant sera bientôt composé et l'on nous annonce déjà : Les *Inutiles*, *Britannicus*, *Tartufe*, les *Précieuses*, les *Femmes savantes*, *Phèdre*, *Horace*, avec mademoiselle Agar dans Camille, et enfin *Charlotte Corday* avec mademoiselle Tessandier et Dumaine.

L'ANCIEN FOYER

C'était en 1866 une grande pièce plus longue que large, située au-dessus de la scène, à laquelle on descend toujours par un escalier désagréable. Sans quelques gravures et tableaux, on se serait cru chez le percepteur des contributions ou dans une salle d'attente d'une mairie de banlieue. Sur la cheminée une pendule, représentant un globe soutenu par une femme qui élève les bras au ciel; à droite, tableau des amendes; à gauche, bulletin de service. Près de la glace, un Henri Monnier et un superbe George Sand; de chaque côté, Picard et Dumas et deux cadres contenant les lithographies découpées d'anciens costumes et d'anciens artistes. Entre les fenêtres, Emile Augier et un superbe pastel de Brizard, le *Roi aux cheveux blancs,* donné par le folliculaire Charles Maurice. Sur le grand mur, trois peintures : Molière, entre mesdemoiselles Anaïs et Duparrai, puis deux lithographies de Delaunay et de madame Ristori. Comme mobilier vingt-huit chaises en vieux velours. Le mobilier est terne, bourgeois. Deux ou trois jeunes têtes seulement, y jetaient parfois leur note rieuse : c'étaient mesdames Antonine, Damain, et M. Porel. Autrement les bruits du jour ne parvenaient à l'Odéon qu'une semaine après leur éclosion dans Paris.

LE NOUVEAU FOYER

M. Duquesnel, lancé depuis longtemps dans le monde des peintres et des sculpteurs, a jugé que du moment où l'administration lui restaurait son théâtre chancelant, il ne pouvait se laisser distancer sur le terrain de la munificence. Et comme par enchantement le foyer de l'Odéon se vit décoré d'œuvres d'art. Des portraits intéressants apparurent soudainement enchâssés sur les murs dans des cadres en bois sculpté; des bustes surgirent de tous côtés et se mirent à parader sur des socles de marbre et de porphyre. Cette collection n'est pas positivement l'histoire de l'Odéon, mais plutôt l'histoire de la direction actuelle que nous voyons s'en aller avec bien des regrets.

La décoration nouvelle du foyer comprend dix grands portraits, quatres petits panneaux, cinq médaillons, sept grands panneaux, treize bustes dont cinq petits, en somme trente-neuf œuvres d'art toutes intéressantes. Le grand foyer ou plutôt le péristyle du foyer de l'Odéon, une merveille d'élégance architecturale, si souvent copiée et reproduite, très habilement restaurée par M. Bouchot, contient huit grands portraits dans des cadres de bois sculpté, modèle Louis XIV. Que le lecteur veuille bien nous accompagner et nous allons passer en revue le musée Duquesnel.

Noms des portraits

Delaunay, qui débuta à l'Odéon en 1845; il y resta jusqu'en 1848. Il est représenté dans son costume de : *On ne badine pas avec l'amour.*

Berton, par Yvon, dans son costume de la *Conjuration d'Amboise.*

Geoffroy, en don Salluste, par Carolus Durand.

Lafontaine, rôle d'Alceste, peint par Monguiot.

Provost, costume de Chrysale (les *Femmes savantes*) par Feyen Perrin.

Samson, par Jacquet (le chef-d'œuvre de la collection), Samson est représenté dans le costume du marquis de la Seiglière.

Bocage, dans les *Beaux Messieurs de Bois Doré*, par M. Eugène Giraud.

Beauvallet, rôle de Yacoub (*Charles VII chez ses grands vassaux*) par M. Clairin.

Nous arrivons à la buvette; elle est entièrement décorée par M. Basset, décorateur habile. Sur quatre panneaux à fond d'or M. Basset a peint les principaux personnages de la Comédie-Italienne. C'est d'un effet agréable. De l'autre côté du péristyle, le nouveau foyer divisé en deux parties : antichambre et salon. L'antichambre décorée par M. Louis Basset : des allégories sur fond d'or, encore. Quatre autres panneaux symbolisent les plus grands succès obtenus par l'Odéon depuis une dizaine d'années. Ces succès sont incarnés dans quatre figures d'artistes :

Mademoiselle *Sarah Bernhardt* dans le rôle de la reine, de *Ruy Blas*, peinte par M. Parot.

Marie Laurent, Clytemnestre des *Erynnies*, peinte par M. Jean Aubert.

Mademoiselle *Antonine*, en duc d'Anjou, de la *Jeunesse de Louis XIV*, par M. Dupain, l'auteur de Delaunay.

Mademoiselle *Jane Essler*, dans le rôle de Mario, des *Beaux Messieurs de Bois Doré*, peinte par M. Collin.

Bustes

Aux angles de l'antichambre :

Picard et *Alexandre Duval*, anciens directeurs de l'Odéon, l'un par Julin, l'autre par M. Allouard ; MM. *Emile Augier*, et *Théophile Gautier*, tous deux exécutés par M. Carrier-Belleuse.

Médaillons

Cinq médaillons décorent le grand salon : ce sont ceux de : *Regnard* par M. Louis Basset et un *Beaumarchais* de M. Paul Lazerge ; les autres sont inachevés.

Deux grands portraits de deux grandes artistes brillent sur les murs :

Portraits

Mademoiselle Georges, peint par M. Courtat et commencé par M. Gérard.

Marie Dorval, rôle d'Agnès de Méranie, par M. Hippolyte Lazerges.

Bustes

Au milieu du foyer, un pur chef-d'œuvre :

Alexandre Dumas père, buste, par M. Chapu, médaille d'honneur du salon. Ce buste est merveilleux d'esprit et de vie. « Le jour, il cause, a dit Dumas fils, mais le soir, à la lumière on le voit rire et il raconte des histoires de chasse. »
Ce buste est entre celui de *Victor Hugo* par M. Schœnewerk et celui de *Balzac* de M. Emile Hébert. Citons encore les bustes d'*Alfred de Vigny*, de *Louis Bouilhet*, de *Ponsard*, de *Casimir Delavigne*, et d'*Henri Murger*. Un seul portrait manque à la collection du second Théâtre-Français, c'est celui du fondateur de cette belle galerie, de M. Duquesnel, qui le jour prochain où il se retirera laissera à son théâtre le souvenir d'une administration intelligente, mais aussi cette collection qui est une des curiosités de Paris.

TITRES DES OUVRAGES NOUVEAUX

REPRÉSENTÉS A L'ODÉON DEPUIS 10 ANS.

— 1870 — (année de la guerre!!!)

Flava, drame en un acte en vers, par M. Jean de Vistre.

— 1871 —

Jean-Marie, drame en un acte en vers, par M. André Theuriet.
Les Créanciers du bonheur, comédie en trois actes, de M. Edouard Cadol.
Fais ce que dois! épisode dramatique en un acte en vers, par François Coppée.
Un mauvais caractère, comédie en trois actes, par Ch. Potron et Auguste Nitot.
Le Bois, églogue en un acte en vers, par Albert Glatigny.
La Baronne, drame en quatre actes, par Charles Edmond.

— 1872 —

Mademoiselle Aïssé, drame en quatre actes en vers, par Louis Bouilhet.
Hommage à Molière, un acte en vers, par Albert Glatigny.
Le Rendez-vous, comédie en un acte en vers, par François Coppée.
La Crémaillère, comédie en un acte, par Paul Ferrier.
La Salamandre, comédie en quatre actes, par Edouard Plouvier.
Les Marionnettes de Justin, comédie en deux actes, par Charles Narrey et Rovigo.
Un monsieur en habit noir, comédie en un acte, par Abraham Dreyfus.
Gilbert, comédie en trois actes, par Paul Ferrier.

— 1873 —

Les Erinnyes, drame antique en deux parties en vers, par Leconte de Lisle.
Les comédiens errants, comédie à-propos en un acte en vers, par Paul Arène et Vernier.
Le Docteur Molière, comédie en un acte en vers, par Xavier Aubryet.
Le Petit Marquis, drame en quatre actes, par François Coppée et Armand Dartois fils.

Le Vertige, comédie en un acte en vers, par Georges de Porto-Riche.
Le Haschisch, comédie en un acte, par Louis Leroy.
L'Apprenti de Cléomène, pièce en un acte en vers, par François Mons.
Le Docteur Bourguibus, comédie en un acte en vers, par Edmond Cottinet.
Robert Pradel, pièce en quatre actes, par Albert Delpit.

— 1874 —

Le Malade réel, comédie en un acte en vers, de M. Ernest d'Hervilly. Première représentation : le 15 janvier, à l'occasion du 252e anniversaire de la naissance de Molière.
La Jeunesse de Louis XIV, pièce en cinq actes en prose, d'Alexandre Dumas. Première représentation : le 14 mars.
La Maitresse légitime, comédie en quatre actes en prose, de M. Louis Davyl. Première représentation : le 5 décembre.

— 1875 —

Le Docteur sans pareil, comédie en un acte en vers, de M. Ernest d'Hervilly. Première représentation : le 15 janvier, à l'occasion du 253ᵉ anniversaire de la naissance de Molière.

Nos lettres, comédie en un acte en prose, de MM. Tessier et Adam. Première représentation : le 12 février.

Le Troisième larron, comédie en un acte en vers, de M. Jacques Normand. Première représentation : le 12 février.

Un Drame sous Philippe II, drame en quatre actes en vers, de M. Georges de Porto-Riche. Première représentation : le 14 avril.

— 1876 —

Les Danicheff, drame en quatre actes en prose, de M. Pierre Newski. Première représentation : le 8 janvier.

Molière à Auteuil, comédie en un acte en vers, de M. Émile Blémont et Léon Valade. Première représentation : le 15 janvier, à l'occasion du 254ᵉ anniversaire de la naissance de Molière.

La Corde au cou, comédie en un acte en vers, de M. André Gill. Première représentation : le 3 juin.

Le Repentir, comédie en un acte en prose de M. Aurélien Scholl. Première représentation : le 10 octobre.

L'Alerte, comédie en un acte en vers libres, de M. Max Le Gros. Première représentation : le 10 octobre.

Le Grand frère, comédie en trois actes en vers, de M. Pierre Elzéar. Première représentation : le 3 novembre.

Déidamia, comédie héroïque en trois actes en vers, de M. Théodore de Banville. Première représentation : le 18 novembre.

Racine sifflé, comédie en un acte en vers, de M. Pierre Elzéar. Première représentation : le 21 décembre, à l'occasion du 237e anniversaire de la naissance de Racine.

La Belle Saïnara, comédie japonaise en un acte en vers, de M. Ernest d'Hervilly. Première représentation : le 22 décembre.

— 1877 —

Le Secrétaire particulier, comédie en trois actes en prose, de M. Paul de Margallier. Première représentation : le 4 janvier.

Le Barbier de Pézénas, comédie en un acte en vers, de MM. Emile Blémont et Léon Valade. Première représentation : le 15 janvier, à l'occasion du 255e anniversaire de la naissance de Molière.

L'Hetman, drame en cinq actes en vers, de M. Paul Deroulède. Première représentation : le 2 février.

Mauprat, drame en cinq actes et six tableaux, en prose, de George Sand. Première représentation (reprise) : le 23 avril.

Blackson père et fille, comédie en quatre actes en prose, de MM. Arthur Delavigne et Jacques Normand. Première représentation : le 13 novembre.

Madame Dugazon, comédie en un acte en vers de M. Eugène Adenis. Première représentation : le 13 novembre.

Les Cloches cassées, comédie en un acte en prose, de M. Henri Gréville. Première représentation : le 30 novembre.

François le Champi, comédie en trois actes en prose, de George Sand. Première représentation (reprise) : le 30 novembre.

Le Bonhomme Misère, légende en trois tableaux, en vers, de MM. Ernest d'Hervilly et Grévin. Première représentation : le 13 décembre.

Le Procès de Racine, comédie en un acte en vers, de M. Pierre Giffard. Première représentation : le 21 décembre, à l'occasion du 238e anniversaire de la naissance de Racine.

— 1878 —

Le Baiser du jour de l'an, comédie en un acte en prose, de M. Georges Richard et René Dick. Première représentation : le samedi 12 janvier.

Le Médecin de Molière, comédie en un acte en vers, de M. Aristide Roger. Première représentation : le mardi 15 janvier, à l'occasion du 256° anniversaire de la naissance de Molière.

La Maîtresse légitime, comédie en cinq actes en prose, de M. Louis Davyl. Première représentation (reprise) : le jeudi 17 janvier.

Le Nid des autres, comédie en trois actes en prose, de MM. Aurélien Scholl et Armand d'Artois. Première représentation : le samedi 26 janvier.

La Demoiselle à marier, comédie en un acte en prose, de Scribe et Mélesville. Première représentation : le dimanche 3 février.

Joseph Balsamo, drame en cinq actes et huit tableaux, en prose, d'Alexandre Dumas. Première représentation : le lundi 18 mars.

Les Danicheff, drame en quatre actes en prose, de M. Pierre Newski. Première représentation (reprise) : le mercredi 15 mai.

Corneille à vingt ans, comédie en un acte en vers, de MM. Paul Dellard et Félix Lemaire. Première représentation : le jeudi 6 juin, à l'occasion du 272° anniversaire de la naissance de Pierre Corneille.

Une Mission délicate, comédie en deux actes en vers libres, de M. Eugène Adenis. Première représentation : le jeudi 12 septembre.

La Fontaine des Béni-Ménad, comédie en un acte en vers, de M. Ernest d'Hervilly.

Première représentation : le samedi 21 septembre.

Monsieur Chéribois, comédie en trois actes en prose, de M. Louis Davyl. Première représentation : le jeudi 7 novembre.

Conrad ou *la Mort civile*, drame en cinq actes en prose, de M. Giacommetti, adapté pour la scène française par M. Auguste Vitu. Première représentation : le lundi 25 novembre.

Les Deux Fautes, comédie en un acte en prose, de M. Porto-Riche. Première représentation : le mercredi 18 décembre.

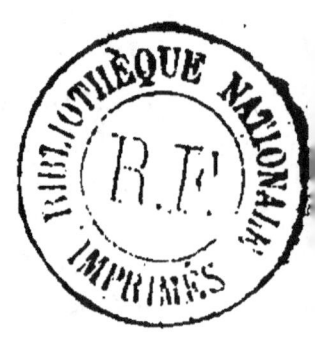

Imprimerie Générale de Châtillon-sur-Seine. — J. Robert.

www.ingramcontent.com/pod-product-compliance
Lightning Source LLC
Chambersburg PA
CBHW071746240526
45471CB00022B/591